KB082701

이기는 투자습관

주식시장의 숨은 고수 '쓰상'이 꿰뚫어보는
돈 되는 가치투자철학

Stock

이기는 투자습관

최성환 지음

책들의정원

프롤로그

카지노와 주식은 하나다

1

나는 2007년 유화증권에 입사해 십여 년 동안 스몰캡 섹터를 담당했다. 애널리스트로 재직 중일 때부터 '카지노와 주식은 하나다'라는 주제로 책을 써보고 싶었는데 회사를 그만두면서 집필의 기회를 잡았다. 2015년 퇴사 후, 부족한 커리어를 보완하기 위해 해외 MBA 입학을 준비하다 보니 어학연수의 필요를 느껴 필리핀으로 떠났다.

YTN의 기자였던 아내도 회사를 그만두고 나와 함께해주었다. 한국과 가까운 영어권 국가여서 선택한 필리핀이었지만 그곳에 카지노가 있었던 것은 어쩌면 이 책을 완성하기 위한 운명적인 결정이었는지도 모르겠다.

내가 책을 쓰게 된 이유는 주식을 도박처럼 하는 사람들, 카지노를 도박판으로만 여기는 사람들에 대한 인식을 조금이나마 바꾸고자 하는

데 있다. 카지노를 통해 주식을 배우고, 주식을 통해 승부에서 이기는 방법을 설명하고자 한다. 계획대로라면 나는 필리핀 어학연수를 마치고 중국에서 MBA 과정을 이수했을 것이다. 하지만 시대의 소명에 이끌려 다시금 여의도로 돌아왔다.

이곳에서 나는 국내 유일의 독립리서치 법인인 '리서치알음'을 설립했다. 리서치알음은 주식시장의 중소형 종목을 타깃으로 하는 리서치 기관으로 기업 및 산업 분석 자료, 해외 투자자들을 위한 영문 보고서를 함께 발간하고 있다.

제도권 애널리스트들과 경쟁하는 독립리서치 법인 대표로서 카지노와 관련된 이야기를 하기가 다소 부담스러운 것이 사실이나 주식은 도박이 아니고, 카지노 또한 도박이 아니라는 나의 철학을 공유하고 싶어 펜을 들었다. 주식과 카지노는 승부라는 것으로 이어져 있다. 그런 의미에서 우리는 모두 승부사이다. 도박사가 아니다.

'지인들과의 포커 게임에서 승자가 되어 본 적이 있는가?'

'카지노에서 판돈 이상의 돈을 따 본 적이 있는가?'

그렇다면 당신은 이미 이 승부의 판에 들어올 자격이 있다고 생각한다.

2

우선, 주식에 관심을 갖게 된 계기부터 말해야 할 것 같다. 내가 주식에 관심을 가졌던 것은 군 생활 시절에 내무반에 비치되어 있었던,《주식 초보자가 가장 알고 싶은 101가지 이야기》라는 책을 접하면서부터다. 책을 읽는 내내 주식투자에 대한 강한 호기심과 열정에 불탔다. 전역 후 부모님께 증권회사에 취업하고 싶다고 말씀을 드렸다. 부모님은 '증권업은 수명도 짧고, 돈을 한때 벌어도 잃는 경우가 많다'며 안정적인 직장에 취업하길 바라셨다.

당시 내가 부모님을 설득한 논리가 바로 '운전론'이다. 지금은 운전면허시험이 어떤지 모르겠지만 예전엔 사설 기관에서 연습 후 운전면허시험장에서 시험만 통과하면 면허증 취득이 가능했다. 자체 면허시험장을 갖춘 학원보다 비용이 저렴하고 기간도 단축할 수 있어 이런 방식이 선호됐다. 비록 정식학원은 아니었지만 이곳에서 나는 '평등'과 '평생'의 철학에 대해 깨우칠 수 있었다. 어디에서 면허증을 취득했든, 어떤 차를 몰든 도로 위에서는 모두 교통법규를 준수하며 평등하게 운전하고 한 번 배우면 특별한 이유가 없는 한 죽을 때까지 평생 운전하게 되는 이치 말이다.

내가 주식투자에 대한 매력을 느낀 것도 바로 이 때문이었다. 어디서 시작하든, 어떻게 배우던 모든 투자자가 평등하게 주식시장에 참여하고, 한 번 주식투자를 배우면 평생 하게 되는 것처럼….

전역을 하고 증권사 입사를 위해 준비했다. 대학 3학년까지 증권투자분석사, 선물거래상담사, 금융자산관리사, 재무위험관리사, 일반자산운용 자격증을 모두 취득했고, 4학년 때는 학점 관리, 영어 공부, 인턴 등 증권회사 입사를 위한 스펙을 쌓았다. 지금은 이런 스펙이 일반적이지만 십여 년 전만 하더라도 저렇게 많은 자격증을 준비한 취업준비생이 흔치 않았다.

학벌은 남들보다 부족했지만, 금융 분야 자격증을 취득해 둔 것이 주식에 대한 깊은 관심을 가지고 있음을 나타내는 동시에 좋은 경쟁력으로 비쳐져 여러 회사에서 합격통지를 받았다. 그러나 대부분 영업직이었다. 다행히 유화증권의 투자분석팀에 뽑혀 2007년 11월부터 직장 생활을 시작하게 되었다. 부족한 나를 투자분석팀으로 뽑아주신 현정환 팀장님은 은인이 아닐 수 없다. 또한 십여 년간 정들었던 회사를 떠난다고 했을 때 나를 불러 '상선약수(上善若水)'라는 글귀를 손수 써주신 유화증권 윤경립 회장님께도 진심으로 감사드린다.

3

'쓰상'. 보고서만 쓰면 해당 종목의 주가가 상한가를 기록했기에 붙었던 나의 별명이다. 본론에서 다시 설명하겠지만 나의 보고서는 '신출'이 대부분이었다. 내가 커버했던 업체들은 이전에 누구도 리포팅하지 않은 업체들이 대부분이었고, 누구도 관심을 갖지 않았던 곳들이 많았다.

유화증권이라는 중소형사에 적을 두고 있는 한계 때문이었는지 모르겠으나, 내 보고서가 시장에서 주목받기 위해서는 남들이 모르는 저평가 업체를 찾는 수밖에 없었다. 그렇게 일해 왔던 것이 다행히 투자자들의 이목을 끌게 되었고, 나름의 팬들이 생겨 보고서가 릴리스되면 장의 시작과 동시에 상한가를 향해 치달은 경우가 많았다. 또한 해당 업체들이 나름의 실적으로 주가를 뒷받침하면서, 예상과 비슷한 흐름으로 주가가 움직였다.

내가 증권시장에서 처음으로 분석한 대표적인 업체들로는 다날, 쎄트렉아이, 아프리카TV(舊 나우콤), NHN한국사이버결제(舊 한국사이버결제), 로엔, 블루콤, 다원시스, 서울옥션 등이 있다. 업계에서 처음으로 분석한 대표적인 산업 보고서로는 무선인터넷 활성화의 수혜주(케이엠더블유), FPCB 산업(인터플렉스), 스마트그리드 산업(누리텔레콤), 전자결제 산업(KG이니시스(舊 이니시스)), 자전거 산업(알톤스포츠), 스마트카드(코나아이(舊 케이비티)), 원격 진료(비트컴퓨터) 등이 있다.

나는 퇴사하기 전까지 나름 시장에서 프로 행세를 했다. 2014년 하반기에는 〈한국경제신문〉에서 주관하는 BEST 애널리스트 선정에서 휴대폰 단말기 부문에 랭크되었고, 매주 화요일마다 한국경제TV에서 '최성환의 스몰캡 공략주' 코너를 진행하기도 했었다.

다음은 내가 유화증권에서 애널리스트를 하면서 썼던 기업분석 보고서들을 모두 종합한 데이터다. 2007년부터 2015년까지 총 279개의 기업분석 보고서를 발간했다. '갭'은 보고서 발간 당일 해당 종목이 얼마나 올라서 시작하는지를 알아보는 지표인데 평균 2.4% 상승해 출발하고, 평균 5.9%까지 상승한 고점에 도달하며, 종가는 2.1%가량 올라서 마친다는 것을 의미한다. 9년 동안의 장기 데이터가 이 정도 수치를 보인다는 것은 대단히 놀랄만한 일이다.

유화증권 재직 기간(2007~2015) 동안의 보고서 영향력 평가

구분	보고서 발간 당일			고점수익률 (일주일)	고점수익률 (한달)	고점수익률 (석달)	보고서 발간 개수
	갭	고점 수익률	종가 수익률				
최성환	2.4%	5.9%	2.1%	10.4%	19.5%	36.4%	279

4

내가 포커 게임을 처음 접하게 된 것은 군대를 전역한 후 조기축구회에 다니던 때였다. 당시 20대 초반이었던 나는 30, 40대가 주축인 축구회에서 막내 역할을 하며 많은 것을 배웠다. 그중에는 포커도 있었는데, 주말에 운동이 끝나면 식사를 하고 헤어지는 날이 대부분이었지만, 가끔 집들이나 개업식, 야유회에 가면 한 번씩 하는 분기 행사가 바로 세븐오디 포커 게임이었다. 한 게임당 얼마씩 고리를 뜯어서 행사비에 보태는 게 다반사라 누가 돈을 챙겨가지는 않았지만, 그래도 승자에 대한 예우는 있었다. 그날의 승부가 어땠는지, 누가 전부 쓸어갔다든지 하는 얘기가 다음 모임에까지 이어졌다.

내가 실제로 포커 게임을 하게 된 것은 회사에 입사한 후다. 가끔 정보 모임 행사로 포커 게임을 하곤 했는데, 축구회에서 어깨너머 배운 실력을 바탕으로 준수한 성적을 거뒀다. 내가 속해 있던 축구회가 별 볼 일 없는 동네 조기축구회이긴 했지만, 포커 게임에 관해서는 나름의 철학을 가지고 계신 분들이 많았다. 어려서부터 수준 높은 경기를 봐온 덕인지, 사회생활을 하며 만난 모임에서는 승률이 꽤 높은 편이었다.

세븐오디 포커 게임에서 승률을 높일 수 있는 확실한 방법이 있다. 좋은 카드를 받으려고 기도하지 말고, 그 시간에 자신의 오픈된 카드를 남들이 어떻게 읽을지 고민하는 것이다. '4장의 오픈된 카드를 남들이 어떤 족보로 읽을 것인가?' 이 물음을 되뇌며 베팅에 임하면 지금보다 나은 승률을 기록할 수 있을 것이라 확신한다.

나는 뜬구름 잡는 이야기를 좋아하지 않는다. 대다수의 투자 전문서적들을 읽고 나면 '그래서 뭘 어떻게 해야 하는데? 뭘 사야 돈을 벌 수 있는데?'라는 의문을 남긴다. 그래서 나는 이 책만큼은 명확한 해답을 줄 수 있도록 심혈을 기울였다.

나는 명확하게 표현하는 것을 좋아한다. 그래서 성공 투자로 가는 나만의 명제를 찾기 위해 부단히 노력했다. 내가 찾은 주식의 명제는 '주식은 〈펀더멘털〉, 〈모멘텀〉, 〈수급〉으로 움직인다'는 3원칙이다. 펀더멘

털로 불리는 기업의 실적, 갖가지 뉴스 플로우 모멘텀, 투자자의 수급 현황 등 세 가지 원칙으로 어떤 주가 흐름도 설명이 가능하다. 부디 매수 버튼을 클릭하기 전, 이 기본적인 명제를 다시 한번 숙지하도록 하자.

우리는 중요한 투자 결정을 하는 데 있어서 단순히 분위기에 휩쓸려 어리석은 판단을 하는 경우가 많다. 이는 대부분 이미 오른 주식에 관한 것들이다. 상승 분위기에 휩쓸려 꼭지에 매수했다가 손실을 보는 경험을 줄여야만 평생 해야 하는 주식투자에서 성공할 수 있다.

카지노도 마찬가지다. 어느 바카라 테이블에 많은 사람이 몰려 있다. 보나 마나 그림이 좋은 테이블일 것이다. 플레이어나 뱅커가 대여섯 개 연달아 나오는 '줄'이나, 플레이어 뱅커가 번갈아 나오는 '핑퐁' 등 연속성 패턴을 보이는 경우가 많다. 많은 겜블러들이 이런 그림을 기대하면서 플레이를 하지만 한참이 지나서야 좋은 그림이었다는 것을 알게 된다. 하지만 대여섯 개가 연달아 나온 줄에 뒤늦게 같은 패턴으로 베팅하는 것은 상당히 무모하다. 또한 그 상황에서 큰 베팅을 하는 것은 위험 부담이 커 제대로 된 승부를 겨루기 어렵다. 이렇게 경험을 쌓다 보니 어느 순간 나만의 바카라 철학이 생겼다. 첫째 '미리 예측하라', 둘째 '나의 뇌를 속여라', 셋째 '세상에 한 방은 없다'가 바로 그것이다.

예를 들어보자. 우선 '줄'이나 '핑퐁'이 만들어지기 전부터 미리 예측하는 것이다. '앞으로 플레이어가 5번 연속 나올 거야', '이번부터 플레이어와 뱅커가 반복해서 나올 거야'라고 말이다. 또 가끔은 그 예측에서 벗어난 베팅을 할 수 있어야 한다. 내가 생각했던 대로 그림이 진행되고 있다 하더라도 계속 같은 패턴으로 베팅해서는 안 된다. 나의 뇌를 속여 일반 겜블러들의 통념을 뛰어넘어야 한다. 마지막으로 한번의 베팅으로 인생을 바꾸려고 해선 안 된다. 모든 역사는 꾸준함에서 나온다. 작은 성공들이 모여 큰 성과를 만들어 낸다는 것을 인지해야 한다. 몰빵, 올인 베팅은 성공한 사람의 용어가 아니라는 점을 명심해야 한다.

주식투자와 카지노를 그저 스릴만으로 즐기는 사람은 없을 것이다. 옛말에 '돈 잃고 속 좋은 사람 없다'고 했다. 결국 수익을 거두는 것이 중요하다는 것이다. 그 과정에서 실패할 수도 있다. 하지만 실패를 어떻게 극복하는지가 중요하다. 모든 투자와 겜블을 끝냈을 때, 종국(終局)의 승리자가 될 수 있도록 이 책이 당신을 변화시킬 것이다.

5

나는 지금 독립리서치 '리서치알음'을 통해 인생 2막을 준비하고 있다. 리서치알음은 철저하게 독립적인 시각으로 운영된다. 애널리스트, 회계사, 세무사, 기자 등 각 분야의 전문가들이 모여 다양한 시각으로 기업을 분석한다.

증권회사 소속의 애널리스트로 일하면서 제도권의 한계를 절감했다. 법인영업팀의 눈치를 보며 일하고, 펀드매니저의 입맛에 맞는 보고서를 작성할 때도 있었다. 또 중소형 업체에 탐방을 가기라도 하면 "그런 곳엔 뭐하러 가냐"는 핀잔을 듣는 등 제약이 많았다. 이와 같은 이유로 현재 스몰캡 애널리스트가 설 곳이 없어지고 있다. 각 증권사마다 스몰캡 섹터를 축소하거나 없애는 추세다. 이에 따라 중소형주에 대한 분석 자료가 감소하게 되었고, 개인투자자들은 코스닥 업체에 대한 정보가 부족하다고 성화다. '리서치알음'은 이런 제도권 리서치의 한계를 극복하기 위해 설립되었다.

이 책은 나와 리서치알음의 주식 철학이 녹아있는 투자 바이블이며 승부에서 이기고 싶은 사람들이라면 반드시 읽어야 할 필독서다. 우리는 가끔 상상 이상의 돈을 벌게 될 때가 있다. 이 책이 당신에게 그런 도움이 되었으면 한다.

제대로 증명하면 절대로 틀리지 않는다.

리서치알음 대표이사

최성환

CONTENTS

Part 4. 성취

Part 5. 국내 유일의 독립리서치 리서치알음

Part 6. 2019년도 리서치알음 선정 시크릿 종목

Part 1

마음가짐

뿌린 대로 거둔다

언젠가 미국 동기 유발 전문가인 브라이언 트레이시(Brian Tracy)의 강연 영상을 본 적이 있었다. 그는 1~2시간 강연비가 10억 원가량 한다고 해서 국내에도 잘 알려져 있는 자기계발 분야의 전문 강연자다.

트레이시는 강연에서 이렇게 말했다. '모든 인생은 인과관계의 법칙에 따라 이뤄진다'고 말이다. 당신이 얼마나 성공을 위해 노력했는지, 시간을 투자했는지를 자문해 보라고 한다.

나는 이 말에 동의한다. 지금 나의 모습은 지난 시간 내가 어떻게 살아왔는지가 결정한다. 물리적으로 보더라도, 지금 나의 육체는 그 동안 내가 어떠한 환경에서 자라고, 먹고, 마셨는지에 따라 구성되는 것이다. 질병에 걸리거나, 갑자기 피부가 안 좋아진다거나 하는 등의 신체 변화들 또한 모두 과거의 환경, 행위에 영향을 받는다. 이 모든 것이 한 순간에 일어난 일이 아니라는 점을 우리는 받아들여야 한다.

트레이시는 이를 인과관계의 법칙이라 명명(命名)하며 뿌린 대로 거두는 것이야말로 성공으로 가기 위한 정수(精髓)라고 이야기한다. 성공한 사람들에게는 다 그 이면에 부단한 노력이 있었다는 것을 우리는 인식해야 한다. 따라서 금수저니, 운이 좋다느니 하는 그런 삐딱한 시각은 이 순간부터 버리기로 하자. 상대를 폄하하고 무시한다고 해서 내 인생이 달라지지는 않는다. 목표를 향한 노력은 배신하지 않는다는 생각을 가지고 하루하루 부단히 정진할 필요가 있다.

나는 여의도에서 애널리스트로 일하며 자수성가한 투자자들을 많이 만나왔다. 그들은 십수 년 동안 개인 투자자로 활동하며 현재 수백억 원, 수천억 원가량의 자산을 모았지만 현재 위치에 도달하기까지 그리 순탄치만은 않았다. 깡통계좌 한두 번씩은 명예의 훈장쯤으로 여기고, 묵묵히 자신의 투자 원칙을 완성시켜 갔던 것이다.

자산가들을 있는 그대로 인정하고, 우리도 그들같이 노력하면 성공하는 투자자가 될 수 있다는 믿음을 가져야 한다. 저 사람은 운이 좋아서 어느 주식으로 대박이 났다든지, 유산으로 물려받은 부동산 가격이 급등해서 자산가가 되었다든지 하는 부정적인 인식을 가지고서는 결코 발전할 수가 없다.

우리나라 속담에 '사촌이 땅을 사면 배가 아프다'라는 말이 있다. 주위에 주식이나 부동산으로 큰돈을 벌었다고 하면 부러운 것이 사실이다. 그래서 그들의 성공을 폄하하게 되는 것이고, 비슷한 처지에 있는 부류와 어울리며 자신의 부족함을 애써 감추려 한다.

나는 필리핀에 머물면서 카지노를 통해 돈을 번 사람들을 많이 만날 수 있었다. 많은 사람들이 바카라 같은 도박에 빠져 인생을 탕진한다고 하지만 성공한 사람들의 면면을 보면 그렇지도 않다. 그 사람이 단 한번의 베팅으로 그렇게 많은 돈을 벌었을까? 우리는 대개 카지노에서 잃게 되니까 우리와 같은 평범한 사람들, 또는 도박으로 실패한 사람들을 보며 위안을 삼는다. 심지어 '카지노에서 돈을 딴 사람은 없을 것이다'라고 생각한다. 여러분 주위에 주식으로 수백억, 수천억을 번 사람이 있는가? 카지노에도 그런 사람이 있지만 당신이 모를 뿐이다.

카지노 겜블러도 성공한 주식투자자와 마찬가지로 그 분야에 일가(一家)를 이룬 사람들이 있다. 성공에 있어 운은 일부분에 불과하다. 우리가 앞으로 성공하기 위해서는 이미 성공해 있는 그들의 노력과 승부사로서의 자질, 근성을 인정해주는 것에서부터 출발해야 한다. 원대한 꿈을 이루기 위해서는 그에 상응하는 위대한 노력이 필요한 것이다.

세상에 한 방은 없다

막대한 부를 얻고, 그것을 유지할 수 있는 능력을 기르기 위해서는 수양(修養)과 인고(忍苦)의 시간이 필요하다. 웹툰 〈미생〉에서는 이렇게 말한다. '기초가 없으면 성공의 계단에 오를 수 없다. 기초 없이 이룬 성취는 단계를 오르는 것이 아니라 성취 후 다시 바닥으로 돌아가게 된다'라고 말이다.

냉철한 겜블러는 자신의 칩이 한계 상황에 있음에도 꿋꿋이 자기만의 그림을 기다린다. 마지막 베팅을 허무하게 찍는 그런 승부를 하는 법이 없다. 내공 있는 주식투자자 또한 자신이 투자한 종목이 시장의 관심을 받고 있지 못하더라도 조급해하지 않으며 묵묵히 때를 기다린다. 우리는 실패한 것에 인내했다는 말을 하지 않는다. 승부의 때를 참지 못하고 시간에 쫓겨 베팅한 결과는 참담하다. '그 정도로 끝낸 것이 다행이야'라는 말을 누군가로부터 들었다면 당신은 이미 실패했다는 것이다.

인내는 성공에 어울리는 단어다. 나는 애널리스트로 근무하면서 많은 신규 종목들을 발굴했다. 남들이 보지 않는 스몰캡 종목 분석에 시간을 많이 할애했다. 그 결과 한국사이버결제, 로엔, 아프리카TV, 다원시스, 서울옥션 같은 종목을 발굴해낼 수 있었다. 이들 종목들은 대부분 내가 커버하기 이전에 과거 어느 증권사 애널리스트들도 커버하지 않았던 종목이었다.

수년 전 3,000~4,000원이던 이들 종목은 현재 수만 원을 호가하고 있다. 하지만 이 종목들을 처음으로 시장에 알렸을 때 주가 반응은 별로 없었다. 성장에 대한 자신감으로 펀드매니저에게 세미나도 했지만 워낙에 소외되어 있던 업체라 그런지 3개월, 6개월 동안 별다른 주가 변동 없이 그냥 그렇게 시간이 흘러갔다. 하지만 나의 분석은 틀리지 않았고, 결국은 수십 배가량 상승하는 결과를 나타냈다.

내가 애널리스트로서 나름 알려지게 된 것도 이런 과거 보고서들이 서서히 시장에서 인정을 받으면서부터였다. 처음에는 반응이 없던 나의 리포트가 투자자들의 관심을 받기 시작했고, 급기야 보고서가 나올 때마다 상한가를 기록하게 되었다. 그래서 보고서만 쓰면 상한가라는 '쓰상'이란 별명으로 불리게 된 것이다.

사람들은 보통 조급해 한다. 자신이 투자한 회사의 주가가 당장에 오르기를 희망한다. 하지만 세상에 한 방은 없다. 이 점을 명심하자. 세상은, 인생은 아주 조금씩 바뀐다는 것을….

카지노에서 바카라 게임을 하면서도 '한 방'을 외치는 사람이 허다하다. 바카라는 플레이어, 뱅커 각각 두 장씩 카드를 받고 규칙에 따라 카드를 한 장 더 받기도 하는데 많은 겜블러들이 처음 받은 두 카드의 합이 8, 9가 나오는 Natural Stands로 '한 방'을 노리는 경우가 많다.

대부분의 플레이어들이 Natural Stands로 한 방에 끝내기를 원하지만 나는 이 한 방이라는 단어가 정말 듣기 거북하다. 함께 게임을 하러 간 지인들이 한 방이라는 표현을 사용하면 그러지 말라고 타이를 정도다. 두 장을 받아서 승리하면 더할 나위 없겠지만 바카라는 두 장의 합이 21이 되어 베팅 금액의 1.5배를 주는 블랙잭과는 다르다. 바카라에서는 두 장을 받아 이기나 세 장을 받아 이기나 돌려받는 금액이 같기 때문이다.

나는 바카라를 할 때 내 카드의 합이 8이나 9 Natural Stands를 받았을 때 더욱 긴장하는 편이다. 이렇게 높은 카드를 받아 놓고 승리하지 못하면 그 여파가 다음 판까지 이어진다. 더불어 승부처라 생각해 큰 베팅을 한 상태인데 만약 상대 카드의 합이 나와 같은 Natural Stands로 비기게 되거나 내가 8을 가지고 있는데 상대방이 9가 나와 지기라도 하면 앞으로의 게임 운영에 심각한 영향을 미치게 된다. 따라서 항상 Natural Stands가 나왔을 때 더 조심하는 마음가짐이 필요하다. 그렇게 생각하고 있어야 설령 비기거나 지더라도 수습이 빠르기 때문이다.

너무 '한 방'을 좇지 말라. 훌륭한 복서는 온 힘을 다한 한 방에 승부를 보려 하지 않는다. KO까지 가기 위해 수많은 주먹을 내뻗었을 것이다. 럭키 펀치란 없다. 무수히 연습하고 달려온 주먹만이 기적을 낳는다.

남의 떡에 신경 쓰지 말자

많은 투자자들과 겜블러들이 하는 실수 중 하나가 바로 남과 비교하며 현재 자신의 처지를 비관하는 것이다. 사회의 탄생은 통화 제도로부터 시작되었다. 돈은 인간의 욕망을 자극해 '남보다 얼마나 많은 돈을 가지고 있느냐'로 스스로 부의 격차를 비교하기 시작했다. 자연스럽게 사람들의 마음속에 '남들보다 많은 돈을 가지고 싶어'라는 탐욕(貪慾)이 피어나게 된다.

많은 사람들이 '누가 이번 장에서 몇 십억을 벌었다던데', '누구는 이번에 차를 어떤 걸로 바꿨고, 집은 어디로 이사했다더라'며 남의 얘기를 한다. 이는 결국 지금의 자신은 초라하다는 이야기밖에 되지 않는다. 그런 생각을 본인 스스로 하고 있다는 것이다. 남과 비교하고 자신을 책망(責望)하는 것은 성공하고자 하는 사람의 자세가 아니다.

'열정, 긍정적인 바람, 그리고 강력한 인내로 마음의 차원을 높이자.'

카지노에서 게임을 해본 사람이라면 누구나 이런 경험이 있을 것이다. 지금 당신은 바카라 테이블에서 빅베팅을 할 찬스를 기다리는 중이다. 그러던 중 옆 테이블이 소란스러워 출목표를 살펴보니 아니나 다를까 플레이어가 10여 차례 계속되며 줄이 내려오고 있다. 사람들의 환호성이 커진 걸 보니 이번에도 플레이어가 연속해서 나온 것 같다. 옆 테이블로 가서 동패(同牌)하고 싶은 생각에 자신의 게임에 집중하지 못한다.

같은 경우가 주식투자에서도 빈번하게 나타난다. 당신이 철저하게 기업 분석을 하고 수 차례나 주식 담당자와 전화 통화를 한 끝에 유망 투자처를 찾았다 치자. 나름 완벽하다고 판단한 안전한 투자처이지만 한 달여까지 특별한 주가 움직임이 없어 팔까 말까 고민 중이다. 마침 저녁에 만난 회사 동기 모임에서 누군가가 어느 바이오 주식으로 최근에 수익을 엄청 냈다고 난리다. 얘길 듣고 해당 주식을 살펴보는데 하루가 다르게 상승세를 나타내는 것이다.

당신은 한 달 동안 투자해 오던 자신의 투자 판단을 무시하고 동기가 추천해준 바이오주로 갈아탔다. 하지만 '마치 누군가 내가 매수한 줄 알았다는 듯' 당신이 산 날부터 하락세로 돌아선다. 기존에 내가 가지고 있던 업체도 빠졌겠지 하며 위안을 얻고자 확인해 봤더니 예상했던 모멘텀이 시장에 알려지면서 급등하기 시작한다.

다시는 남의 떡에 욕심을 부리지 말자. 빌 게이츠(Bill Gates), 워런 버핏(Warren Buffett)이 돈을 많이 벌었다고 우리가 그렇게 부러워하지는 않지 않은가. 주위 사람이 돈을 번 것에 영향을 받아서는 안 된다. 자신의 투자 철학, 자신이 노리던 베팅 타이밍에 집중해야 한다.

나는 많은 자산가들이 자신의 판단을 믿고 묵묵히 투자했을 때 놀라운 수익을 얻었다는 사실을 수없이 목격했다. 그들은 누구보다 해당 종목에 대해 연구했고, 탐방도 다니고, 다양한 사람들을 만나며 의견을 나눴다. 그리고 남들에게 알려지기 이전, 거래량이 없을 때부터 오랜 기간 동안 많은 물량을 매집해 주가 상승기 때까지 기다려서 마침내 큰 수익을 거뒀다.

다시 한번 당부하지만 꼭 기억하자. 인생은 뿌린 대로 거둔다. 성공한 사람을 인정하고 우리도 그렇게 되도록 준비하자. 성공한 사람을 폄하하지 말고 세상에 한 방은 없다는 마음가짐을 갖고서 하루하루 자신을 단련하자. 또 우리 주위에 즐비한 작은 성공들에 너무 동요(動搖)하지 말자.

절대로
핑계 대지 마라

2016년 3월 인공지능 알파고와 바둑기사 이세돌 간 세기의 대결이 펼쳐졌다. 이세돌은 내리 세 판을 지고서 이런 말을 남겼다. '오늘의 패배는 이세돌이 패한 것이지, 우리 인류가 패배한 것은 아니라고 생각한다.'

실패를 겪었을 때 그 원인을 자신에게서 찾는 것은 내일의 발전을 위한 긍정적인 자세이다.

이세돌은 넷째 판에서 승리하고 나서 "감사합니다. 한 판을 이겼는데 이렇게 축하를 받아본 건 또 처음인 것 같습니다. 사실 이번 경기를 하기 전에 '5대 0', '4대 1' 승리를 예상했던 기억이 나는데요. 설령 지금 3대 1로 제가 앞서고 있다면 오늘 한 판 졌던 것이 많이 아프지 않았을까 하는 생각이 드네요. 오히려 3연패를 당하고 1승을 하니까 이렇게 기쁠 수가 없습니다. 이 1승은 정말 그 전의 무엇과도, 앞으로의 그 무엇과도 바꾸지 않을 그런 1승, 정말 값을 매길 수 없는 그런 1승이 아닌가 생각합니다"라는 말을 남겼다.

우리는 수많은 핑계들을 대면서 살아간다. 골프를 치며 미스샷이 나왔을 때는 누가 너무 떠들어서 집중이 안 됐다고 하고, 카지노에서 돈을 다 잃고 나서는 동반자들의 초이스를 너무 믿었다고 하고, 주식투자로 자산이 반 토막 나고도 남에게서 핑곗거리를 찾는다.

더욱이 골프를 치면서 캐디에게 하대하고, 카지노에서 딜러에게 막말을 서슴지 않으며, 누구 말을 듣고 주식투자를 하면서 주가가 빠지면 그 정보 제공자를 하루가 멀다 하고 닦달하는 사람들이 있는데, 이들은 성공과 거리가 먼 사람들이므로 되도록 멀리하는 것이 좋겠다.

부단히 복기(復碁)하자. 골프에서 미스샷이 나오면 내 스윙에 어떤 실수가 있는지 고민하고, 바카라를 하는 중에는 내가 왜 그때 반대쪽에 베팅하지 못했을까를 고민해보자. 괜히 캐디나 딜러에게 화풀이하지 말자. 주식투자도 결국 그 종목을 매수한 것은 당신이다. 정보 제공자에게 스트레스를 준다고 주가가 다시 반등하지는 않는다.

나는 애널리스트로 일하면서 가끔 비중 축소, 매도(sell) 의견 같은 부정적인 보고서를 발간하기도 했는데, 한번은 다날이라는 종목의 주가가 커버리지 이후 10배 이상 올라 더 이상의 주가 상승은 어렵다고 판단해 매도 리포트를 냈었다.

주가는 장 시작과 동시에 하한가로 곤두박질쳤고, 우리 투자분석팀에는 개인 투자자들의 항의 전화가 빗발쳐 업무가 마비될 지경이었다. 나는 내 일을 했을 뿐이다. 2,000원대부터 커버리지를 시작해 10여 차례 다날 보고서를 발간하며 2만5,000원까지 상승하는 상황을 보았고, 그 위치에서 더 이상의 상승은 어렵다고 알렸던 것뿐인데 개인 투자자들은 다날의 주가 하락이 다 내 보고서 때문이라며 욕을 해댔다.

남을 탓하는 버릇은 상당히 위험하다. 매 번 실패마다 핑곗거리를 찾게 되면 그것 나름대로의 의미로 고착화되어 이상한 징크스들로 발전하게 되기 때문이다. 주식투자자들은 아침에 빨간색 속옷이나 넥타이를 찾게 되고, 바카라 겜블러는 도로에서 9에 가까운 차량 번호판을 찾아보거나, 사우나에 갔을 때도 9와 근접한 락커 키 번호를 선호하게 된다.

이 정도에서 끝나면 다행이지만 이런 징크스가 심각해지고 확대되면 타인의 파란색 넥타이에도 신경을 쓰게 되고, 우연히 본 전자시계가 2시 35분을 가리키는 사실에도 부정적인 영향을 받게 된다.

징크스에 대한 부담을 멀리하고, 핑계를 일삼지 말자. 우리가 행한 실패를 핑계로 거슬러 올라가다 보면 아침에 눈을 뜬 것부터가 잘못된 것이었고, 더 거슬러 올라가다 보면 태어난 것부터가 잘못이었으니 말이다.

올바른 인성이 이기는 사람을 만든다

사람들은 보통 어떤 궁극의 순간에 자신이 어떻게 살아왔는지에 대해 돌이켜 보게 된다. 그건 마치 죽음을 앞둔 시한부 환자가 자신의 인생을 복기하는 것과 같은 느낌이라 해도 과언이 아닐 것이다. 2002년 한일 월드컵 16강 이탈리아 전에서 안정환 선수가 경기 초반 페널티킥을 실축하고 나서 "내가 지금까지 잘못 살아왔던 것은 아닌가 하고 생각했다"라고 인터뷰를 했는데, 그런 것처럼 궁극의 순간에는 이렇게 자신을 되돌아 보게 된다. 그래서 우리는 매 순간 선량한 마음을 가지고 도의를 지키며 살아가야 하는 것이다.

내가 여기까지 올 수 있었던 것은 모두 부모님 덕이라 생각한다. 부모님께서는 부족함 없이 키우고자 나 하나만 낳으셨고, 맞벌이를 하면서도 아들 하나 잘되라는 생각에 집안일도 소홀히 하지 않으셨다. 특히 어머니는 바깥일을 하면서도 제사며 친인척 경조사까지 다 챙기셨고, 이제는 일을 그만두고 봉사 활동을 하신다. 언젠가 "엄마는 몸도 좋지 않으시면서 왜 이렇게 고생을 사서 하세요?"라고 물었던 적이 있다. 그때 어머니께서는 "다 너 잘되라고 이러는 거지. 베풀고 살다 보면 다 돌아오게 되어 있다"라고 말씀하셨다.

선량하고 도의를 지키며 살아갈 때 우리는 보다 이기는 사람에 가까워질 수 있다. 올바른 인성은 다른 것이 없다. 지나가다 쓰레기가 보이면 줍는 것, 하다못해 담배 꽁초를 아무데나 버리지 않는 것에서부터 출발한다. 다시 한번 강조하지만 우리는 살면서 어떤 중요한 궁극의 순간에 삶을 돌이켜 본다. 언제가 될지 모르지만 바로 그때를 위해 우리는 매 순간 타인을 배려하며 살아야 하는 것이다.

영화 〈킹스맨〉의 명대사 '매너가 사람을 만든다'를 기억하는가. 스승인 '해리'가 주인공 '에그시'에게 이런 가르침을 준 것은 아마 생사의 기로에 빈번히 놓이는 비밀요원의 특성 때문이지 않았을까. 진정 상대방에 대한 존중과 배려로 살아온 삶은 임무 수행 중 언제 죽더라도 고귀하고, 그렇게 살아온 삶은 하늘의 복으로 천수를 누릴 수 있기에….

우리는 주식과 카지노 겜블을 하면서 수많은 조건들을 분석한다. 물론 분석이 중요하고 언제든 '될 대로 되라' 식의 도박으로 접근해서는 안 된다는 것이 철칙이다. 하지만 어떤 기회에서는 분석의 시간이 부족하기도 하고, 어떨 때는 오직 사람만 믿고 중요한 투자를 결정해야 할 경우도 생기기 마련이다. 이럴 때는 감(感)을 믿어야 한다. 나는 그 감을 지금껏 살아온 인성에 의미를 두는 것이다.

올바른 인성을 갖추고 있지 못하면 큰 성공에 이를 수 없다. 바로 오늘부터 실천하자. 타인을 존중하고 배려하자. 이런 남모를 작은 선행들이 모여 당신에게 엄청난 기회를 가져다줄 것이다. 또한 궁극의 기회가 왔을 때 당신을 도울 것이다.

인생의 승부는 장기전이다

세상은 변한다. 그래서 현실에 안주해서도 안 되고, 현실에 비관할 필요도 없다. '인생의 승부는 장기전이다'라는 생각을 갖게 되면 이런 감정의 기복을 줄일 수 있다.

나는 증권시장에 입문하면서부터 주식투자를 평생 해야 하는 것으로 인지했다. 그래서인지 주가가 오를 때도, 주가가 내릴 때도 남들보다 무덤덤한 것이 사실이다. 훌륭한 투자자라면 주식투자를 장기적인 관점에서 바라볼 수 있어야 한다. 그러면 예상하지 못했던 서브프라임이나 브렉시트, 금리 인상 같은 시장 위험이 닥치더라도 의연해질 수 있다. 한두 번의 성공이나 실패가 우리 인생을 좌지우지하도록 놔둬서는 안 된다. 내 예상을 뛰어넘는 악조건 속에서도 견뎌낼 수 있으려면 길고, 멀리 보는 습관을 가져야 한다.

많은 사람들이 하락장에 손실을 두려워하는 이유는 돈에 쫓기기 때문이다. 이번 달에 필요한 카드값, 생활비, 신용으로 산 종목 하락에 따른 증거금 충당 등 다양한 이유들이 있다. 이런 위험에서 자유롭기 위해 이번 달에 필요한 비용을 미리 현금화 시켜두고 신용 투자를 적당히 해야 할 것이다. 그러면 돈에 쫓길 이유가 없다.

평생 주식투자를 하겠다는 사람의 자세는 '기다릴 줄 아는 것'이다. 그러기 위해서는 돈에 쫓기지 않는 여유가 있어야 한다. 세상은 순리에 따라 돌아간다. 봄이 가면 여름이 오고, 가을이 가면 겨울이 오는 것처럼 말이다. 길고 긴 하락장 끝에 언제 그랬냐는 듯 꽃장이 온다. 그렇지만 하락장을 견디지 못한다면 꽃장이 온들 무슨 소용이 있겠는가.

바카라를 할 때도 마찬가지다. 게임을 하다 보면 내가 생각했던 패턴대로 그림이 움직이다가도 어느 순간부터는 예상이 빗나간다. 그렇게 찬스라고 생각했던 몇 번의 승부에서 실패하게 되면 자신감이 급격히 떨어진다.

가지고 있는 칩이 줄어들면서 좋은 찬스에도 빅베팅을 하기 어려워진다. 우리는 이럴 때 다시 처음부터 시작한다는 마음을 가질 수 있어야 한다. 지난번 이겼던 성공을 뒤로 하고 앞으로의 레이스에 집중해야 한다. 시간과 돈에 쫓기면 좋은 승부를 하기 힘들어진다.

여유를 갖고, 미래를 준비하자. 반드시 기회는 온다. 비는 언젠가 그치고, 긴 겨울 끝에 결국 봄이 찾아오는 것처럼….

세상에 영원한 것은 없다

영원한 것은 없다. 오르는 날이 있으면 내리는 날이 있고, 뱅커만 연달아서 나오다가 어느 순간부터 플레이어가 계속 나오기도 한다. 어마어마한 자산을 가지고 있다가 망하기도 하고, 불과 몇 년 전까지만 하더라도 노숙자 같던 친구가 최고급 외제차를 타고 나타나 모두를 놀라게 하기도 한다.

'월만즉휴(月滿則虧), 달도 차면 기운다'는 옛말이 있다. 가득 찬다는 것은 융성함의 절정, 풍요함의 극치를 이르는 말이다. '물성즉쇠(物盛則衰)'도 같은 말이다. 무슨 사물이든 극히 융성하게 되면 반드시 쇠퇴하기 마련이라는 뜻이다. 그래서 가득 차면 넘친다고 하는 것이다. 물도 그릇에 차면 넘친다. 불길도 활활 타면 마침내 꺼진다. 뜨거웠던 사랑도 어느새 식기 마련이고 돈도 명예도 권력도 가득 차면 이윽고 기울어진다.

지금 주식이 좀 잘된다고, 수익이 많이 났다고 자만해서는 안 된다. 바카라를 하다가 엄청난 장패를 만났다고 사람들에게 떠벌리지 말라. 항상 겸손하라. 그리고 상냥하라. 겸손하고 상냥한 마음으로 살아야 더 큰 성공으로 나아갈 수 있다. 겸손한 마음은 자신을 발전시키는 동력이 된다.

우리는 자신이 가지고 있는 현재의 지식이 1년 후면 절반 이상 못 쓰게 된다는 사실을 알아야 한다. 세상은 빠르게 변하고 있다. 특히 증권시장은 미래 정보가 빠르게 반영되는 시장이기 때문에 부단히 공부해야 한다. 불과 몇 년 전까지만 해도 증강현실, 인공지능, 드론, 자율주행차, 수소차 등에 대한 관심이 이 정도로 크지 않았다는 사실을 되새겨보면 현실에 안주해 많은 기회를 놓쳤다는 것을 알 수 있다.

세상에 영원한 것이 없다는 것을 깨우친 사람은 겸손해질 수밖에 없다. 겸손한 자세는 배우고자 하는 마음을 깨우고, 주위에 좋은 사람을 만들어 승부에서 이길 수 있는 확률을 높인다.

하루의 시작은 즐거운 마음에서부터

꿈자리가 사납다. 잠자리가 뒤숭숭하다. 아침에 일어나서 즐거운 마음이 들지 않으면 그날의 투자나 베팅에 좋은 결과를 기대하기가 힘들다. 어제 저녁의 수상한 꿈에 특별한 의미를 두게 되면 일이 풀리지 않을 때마다 어제 저녁의 꿈 때문에 그런가 하는 생각이 들게 마련이다. 어떤 이들은 아침 신문에 나오는 운세나 바이오 리듬을 체크하기도 하는데 이 또한 그날의 컨디션에 영향을 미치기 때문에 보지 않는 것이 바람직하다.

나는 꿈보다 아침에 만나는 사람에게서 그런 영향을 많이 받는 편이다. 이는 부모님의 영향 탓도 있는데 어머니께서는 특히 월요일 아침을 상당히 중요하게 생각하셨다. 월요일을 상쾌하게 시작해야 일주일 동안 좋은 일이 많이 생긴다고 하셔서 주말 내내 회사에 입고 갈 와이셔츠를 깨끗이 빨아 다려주셨다. 깨끗하고 반듯하게 다려진 하얀 와이셔츠를 입으면서 어머니의 사랑을 느낄 수 있었고, 뭔가 좋은 일이 생길 것 같은 긍정적인 에너지가 솟구쳤다.

긍정적인 에너지는 하늘에 닿아 긍정적인 결과를 만들어낸다. 어제 미국 증시가 생각지도 못한 악재에 휘청거렸더라도 '내일 이런 식으로 대처해야지' 하는 확신을 가지고 잠을 청해야 손실을 줄일 수 있지, '내일 또 아수라장이 되겠구나' 하는 자세로 다음날을 맞이했다가는 사달이 날 것이 불 보듯 뻔하다.

가장의 아침은 온 가족이 함께 만드는 것이다. 즐거운 마음으로 하루를 시작하는 가장은 승부처에서 합리적인 판단을 내리게 되고, 그 결과 또한 긍정적으로 이어져 가족에 이득으로 돌아오기 마련이다.

'수신제가치국평천하(修身齊家治國平天下)'라는 고사성어가 괜한 말이 아니다. 어떤 분야든 매 대회마다 수상자 인터뷰를 보면 가족에 대한 감사 인사가 가장 먼저 나온다. 최고의 자리에 올라서기 위해 가족이 함께한 노고를 누구보다 잘 알고 있기 때문이다.

전문가가 되기 위해서는 누구보다 많은 시간과 노력이 필요하다. 하지만 평범한 많은 사람들은 결혼 후 가족의 굴레에 익숙해지면서 자신이 바랐던 성공 목표를 포기해버리게 된다. 그것은 결국 가정에 손해로 작용할 수밖에 없다. 좋은 배우자와 행복한 가정을 꾸려 매일 긍정적인 에너지가 넘치도록 해야 한다.

혹시 뜻밖에 좋지 않은 일이 있었더라도 긍정적으로 해석하는 지혜가 필요하다. 나는 언젠가 출근길에 새똥을 맞았던 적이 있다. 다시 집으로 돌아와 씻고 나가느라 아침 미팅에 늦어 계속 찜찜한 하루를 보냈었다.

그런데 어느 야구 선수는 당시 최고의 타자로 선발된 인터뷰에서 타율이 이렇게 좋을 수 있었던 이유에 대해 질문을 받자 훈련 중에 새똥을 맞았는데 그때부터 신기하게도 좋은 타구가 많이 나왔다고 답하는 것이었다. 이처럼 같은 일이라도 받아들이는 사고에 따라서 다른 결과를 나타내게 된다.

하루의 시작은 즐거운 마음에서부터…. 긍정적인 마인드는 매 순간 승부의 기로에 있는 투자자나 겜블러가 반드시 갖춰야 할 요소임에 틀림없다.

다날(064260, KQ) : 전인미답(前人未踏)의 길을 가는 중

2009년 4월 27일 다날에 대한 첫 리포트를 발간했다. 당시 동사의 주가는 3월에 최저치 1,450원을 찍고 기술적 반등이 진행되던 시기였다. 내가 보고서를 발간했을 때 동사의 주가는 3,090원이었고 시가총액은 518억 원이었다.

적자를 기록하고 있는 시가총액 500억 원대 업체라 그런지 누구도 관심을 갖지 않았다. 3월에 탐방을 다녀와서 휴대폰 결제 시장에 대한 정보를 탐색했고, 안정적인 국내 시장을 넘어 해외 진출까지 가능하다면 고성장을 기록할 수 있을 것으로 판단했다. 동사는 미국 시장 진출을 준비 중이었고, 곧 가시적인 성과가 나타날 것으로 예상했다.

동사는 미국 메이저 이동통신 업체와 휴대폰 결제 계약을 체결하면서 주가 상승 랠리가 본격화되었다. 2009년 8월 2만3,000원을 기록했는데 커버리지 개시 이후 4개월 만에 640%가 올랐다. 당시 "유화증권 최성환 연구원이 누구냐?" 하며 본격적으로 시장에 알려지는 계기가 되었다.

2010년 1월까지 1년이 안 되는 기간 동안 총 7차례 보고서를 작성했다. 마지막 보고서는 동사에 대한 커버리지를 제외하겠다는 내용의 '도공이 도자기를 깨는 심정으로'라는 제목의 리포트였는데 당시에는 매도 의견을 내는 애널리스트가 없어 시장에 큰 반향을 일으키기도 했다.

다날 주가 추이

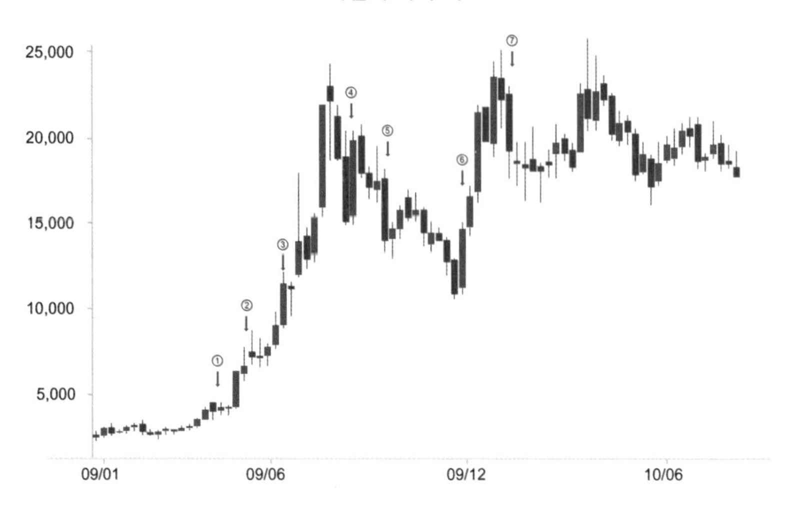

리포트 발간 일지

No.	날짜	리포트 제목	목표주가(원)	투자의견
①	2009.04.27	미국 휴대폰 결제시장 진출 메리트 부각	5,400	Stron Buy (신규)
②	2009.05.25	미국 메이저 이통사와 휴대폰 결제 계약 체결	8,400	BUY(하향)
③	2009.06.26	미국 시장 진출은 시작에 불과	15,000	BUY(유지)
④	2009.08.25	前人未踏의 길을 가는 중	23,000	Strong Buy (상향)
⑤	2009.09.22	美 서비스 지연은 이통사의 DB 통합 작업 때문	20,000	BUY(하향)
⑥	2009.12.02	아이폰이 대세세, 수혜주 정답은 여기에	20,000	BUY(유지)
⑦	2010.01.14	도공이 도자기를 깨는 심정으로	N/A	Not Rated (커버리지제외)

휴대폰 결제 시장의 선두 기업

동사는 1999년 국내 최초로 휴대폰 벨소리 서비스를 개발한 데 이어 2000년에는 세계 최초로 휴대폰 결제 솔루션을 상용화했다. 지난 10여 년간 국내 휴대폰 결제시장을 주도하며 성장을 거듭했던 것이다. 하지만 국내 이동통신 솔루션 산업의 1세대로서 가지고 있던 시장 선점 효과도 경쟁업체의 등장과 모바일 콘텐츠 시장이 성숙기에 진입하면서 2008년 적자를 기록하는 등 어려움을 겪었다.

결국 이 같은 불리한 영업 환경을 극복하고자 2009년부터 국내 휴대폰 결제시장에서의 점유율 확대를 위해 마케팅을 강화했고, 한편으로 美, 中 등 해외 결제시장 진출도 적극 추진했다. 또한 게임 및 엔터테인먼트 등 신 성장동력 사업 마련으로 흑자 전환이 가능할 것으로 판단되어 커버리지를 개시하게 되었다.

예상보다 빠르게 성장하고 있는 휴대폰 결제시장

휴대폰 결제 서비스는 편의성이 가장 높은 결제 수단으로 콘텐츠 업체 및 온라인 쇼핑몰 등 실물 결제 시장 확대에 비례하여 성장하는 산업이다. 2009년 국내 휴대폰 결제 총 거래액은 전년 대비 24%가 증가한 1.8조 원으로 추정되었다.

휴대폰 결제시장은 2000년 상용화 이후 안정적인 성장을 이어오고

국내 휴대폰 결제시장 추이 및 전망(단위 : 억 원, %)

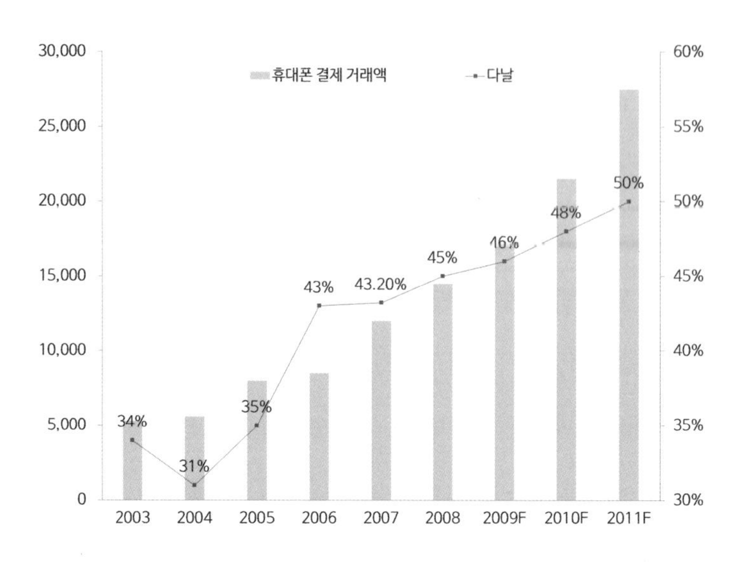

동종업체 사업 내용 비교

구 분	모빌리언스	다 날
사업 내용	유무선 전화결제	유무선 전화결제 유무선 컨텐츠
휴대폰 결제시장 M/S	51%	45%
긍정적 요인	1) 우월한 시장 지배력 2) 오프라인 진출 선점효과	1) 콘텐츠 등 사업다각화 2) 미국시장 진출 가능성
부정적 요인	1) 선금금 부담 2) 최대주주 변동 이슈 3) 지배구조 문제 대두	1) 순손실 발생 2) 콘텐츠분야에 무리한 투자 3) 미국시장 진출 지연

있었으며 2010년에는 2.2조 원, 2011년에는 2.7조 원의 시장을 형성할 것으로 전망되었다. 당시 국내 휴대폰 결제시장은 동사와 모빌리언스가 각각 45%, 51%를 점유하고 있었는데, 시장 지위 유지에 따른 안정적인 매출 성장이 예상되었다.

2009년 상반기 미국 휴대폰 결제시장 진출 가시화 전망

동사는 그 동안 중국 등 해외 진출을 위한 노력을 계속해 왔으나 담당 업체와 계약이 지연되면서 손실이 확대되고 있었다. 하지만 2009년 상반기 드디어 미국 휴대폰 결제시장 진출이 가시화될 것으로 기대되었다.

당시 미국의 휴대폰 가입자는 2.5억 명, 인터넷 이용자는 2.2억 명으로 거대 시장을 형성하고 있었다.

또한 당시 미국 시장 내 온라인 게임, 음악, VOD를 중심으로 인터넷 유료 콘텐츠 시장이 급성장하고 있어 동사가 미국 내 소액결제 시스템을 구축한다는 것은 굉장한 투자 모멘텀으로 시장에 인식되었다.

美 유료콘텐츠 시장규모 및 휴대폰결제 침투율 추이(단위 : 백만 달러, %)

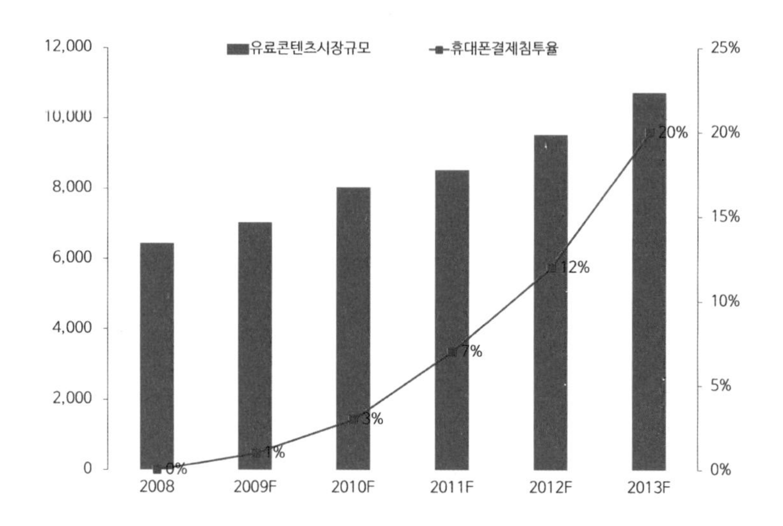

국내외 디지털 콘텐츠 수수료 배분 구조 비교(단위 : %)

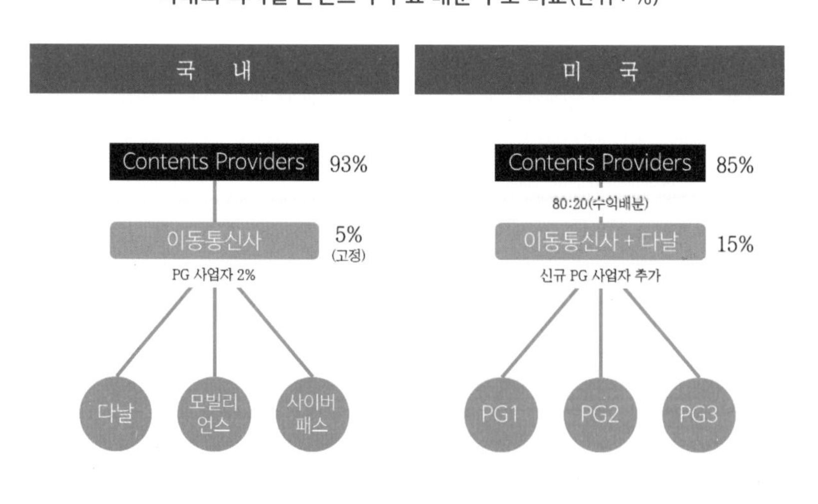

재무제표 요약 및 수정 주가 추이

연 도	매출액(억원)	영업이익 (억원)	영업이익률(%)	당기순이익 (억원)	당기순이익률 (%)	ROE(%)
2006	698	5	0.6	-24	-3.4	-3.9
2007	825	50	6.1	7	0.9	1.2
2008	820	41	5.0	-32	-3.9	-5.4
2009	839	99	11.8	37	4.4	5.7
2010	828	85	10.3	-36	-4.3	-4.8
2011	935	-19	-2.1	-64	-6.9	-9.0
2012	1,017	-21	-2.0	-116	-11.4	-16.7
2013	1,181	45	3.8	2	0.2	0.3
2014	985	41	4.2	3	0.3	0.4
2015	1,129	9	0.8	-26	-2.3	-2.6

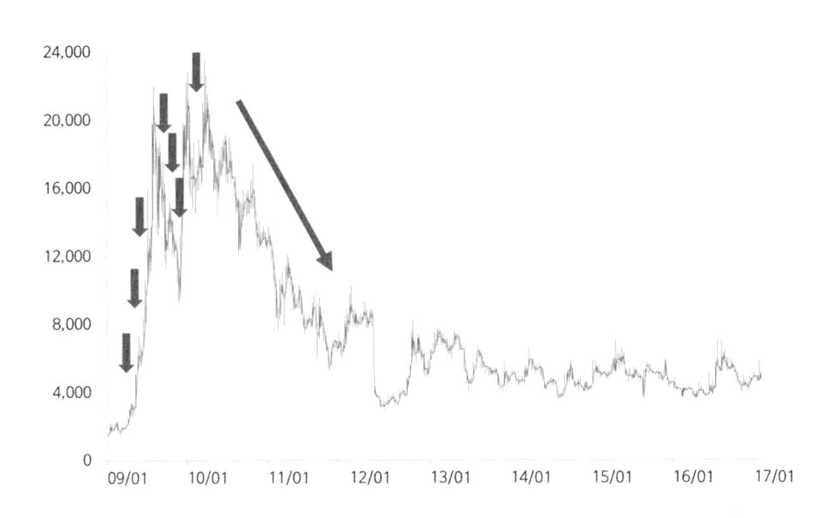

2009년 한 해 코스닥에서 가장 높은 주가 상승률을 기록했다. 하지만 2010년 커버리지 제외 후 주가는 내리막길이었다.

옴니텔(057680, KQ) : 'Seize the Potential', 잠재력을 포착하다

2009년 7월 1일 옴니텔에 대한 탐방 메모를 작성했다. 지금은 탐방 메모 형식의 보고서를 찾아볼 수 없지만 당시에는 커버리지를 개시하기 전에 유망 업체를 선점하는 의미로 종종 작성되었다. 동사에 대한 탐방 메모가 발간되었을 때 기준일 주가는 2,600원, 시가총액은 270억 원에 불과했다.

시가총액이 상당히 낮았지만 동사는 중국시장 내 통화 연결음 유료 가입자수 1,000만 명을 확보하고 있을 만큼 안정적인 매출처를 확보하고 있었다. 또한 중국 자회사 옴니텔차이나의 자오즈민 대표는 80년대 중국의 탁구스타로 '꽌시(关系)'를 중시하는 중국시장에서 상당한 영업력을 확보하고 있었다. 당시 옴니텔차이나는 사천성을 중심으로 광동, 산동, 요녕, 복건 지역에서 통화 연결음 등의 부가 서비스를 제공하고 있었다.

탐방 메모 발간 이후 동사에 대한 재평가가 시작되었다. 보고서 발간일인 7월 1일 수요일부터 금요일까지 3일 동안 연속 상한가 랠리가 펼쳐졌다. 당시 중소형주에 대한 관심이 고조되는 분위기라 보고서 발간 이후 상한가로 치닫는 경우가 가끔 있었지만 이렇게 3일 연속 상한가를 기록한 것은 극히 드문 경우였다. 동사의 주가는 7월 한 달 동안 7,330원까지 182%가량 상승했다.

옴니텔 주가 추이

리포트 발간 일지

No.	날짜	리포트 제목	목표주가(원)	투자의견
①	2009.07.01	자회사 가치 재평가 필요한 시점	N/A	Not Rated
②	2009.07.24	아직 알려지지 않은 미디어법 수혜주	N/A	Not Rated
③	2009.08.05	Seize the Potential	10,000	BUY(신규)
④	2009.11.09	앱스토어 시장 선점효과 기대	7,000	BUY(유지)
⑤	2014.07.09	카카오톡 등에 업고 모바일 쿠폰 시장 주도 전망	N/A	Not Rated

중국 자회사 '옴니텔차이나' 성장 가능성에 주목

동사는 1998년 설립된 모바일 콘텐츠 업체로서 이동통신시장 확대와 함께 동반 성장해왔다. 벨소리, 컬러링 서비스에 이어 재난방송문자, 지상파 DMB 사업 등에 진출했다. 또한 중국시장 내 현지화 전략으로 80년대 탁구스타 자오즈민을 자회사 옴니텔차이나의 대표로 발탁, 1,000만 명 이상의 통화 연결음 유료 가입자를 확보했다.

당시 자회사 옴니텔차이나의 고성장 기대감으로 프리미엄 부여가 가능할 것으로 판단했다. 옴니텔차이나는 4억 6,000여 명의 가입자를 보유하고 있는 차이나모바일에 통화 연결음 서비스를 공급하고 있었는데, 기존 영업력을 바탕으로 향후 이모티콘 SMS 서비스, 게임, 만화 콘텐츠 등을 공급할 계획을 가지고 있었다.

미디어법 개정으로 자회사 '한국DMB' 가치 재평가

2009년 7월 22일 미디어 관련 개정 법안이 국회 본회의를 통과했다. 개정안의 주요 쟁점은 미디어 소유 규제와 관련된 부분이었는데, 결론적으로 해당 미디어법 개정안이 통과되면서 현행 미디어법에서 금지되고 있는 대기업과 신문사의 지상파 방송, 케이블 보도 전문 채널 및 종합편성 채널에 대한 투자가 가능해졌다.

이 같은 투자 규제 완화로 동사의 자회사인 한국DMB의 가치가 재평가될 것으로 예상했다. 한국DMB는 종합 방송 편성과 보도 기능 수행이 가능한 매체로 과거에도 대기업 등에서 관심이 많았기 때문이다. 또한 당시 DMB 시청자가 2,000만 명에 달해 방송 매체로서 영향력이 막대했다는 점, 양방향 서비스가 가능한 DMB 2.0 상용화가 임박했기 때문에 투자자들의 관심이 높아질 것으로 판단되었다.

옴니텔차이나의 영업실적 추이(단위 : 억 원)

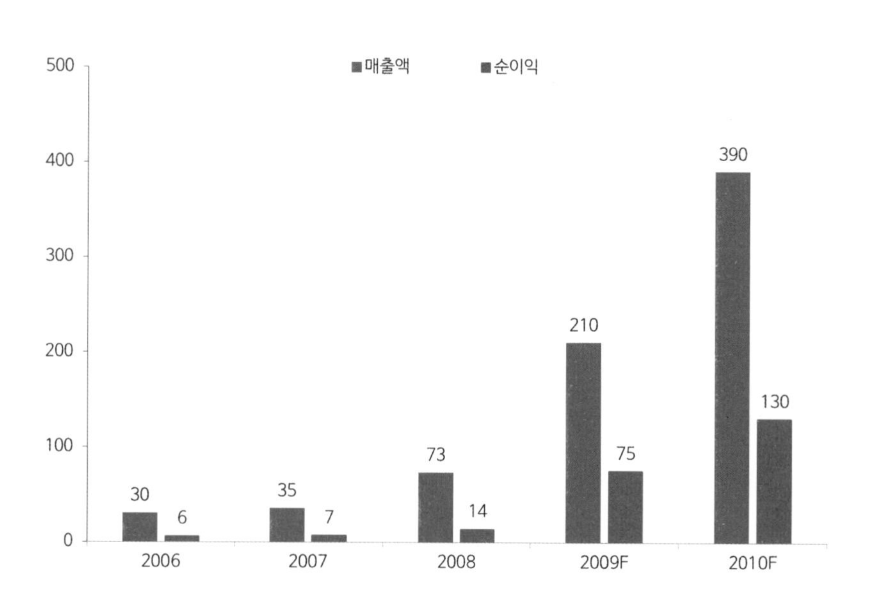

DMB 단말기 판매 현황(단위 : 천 대)

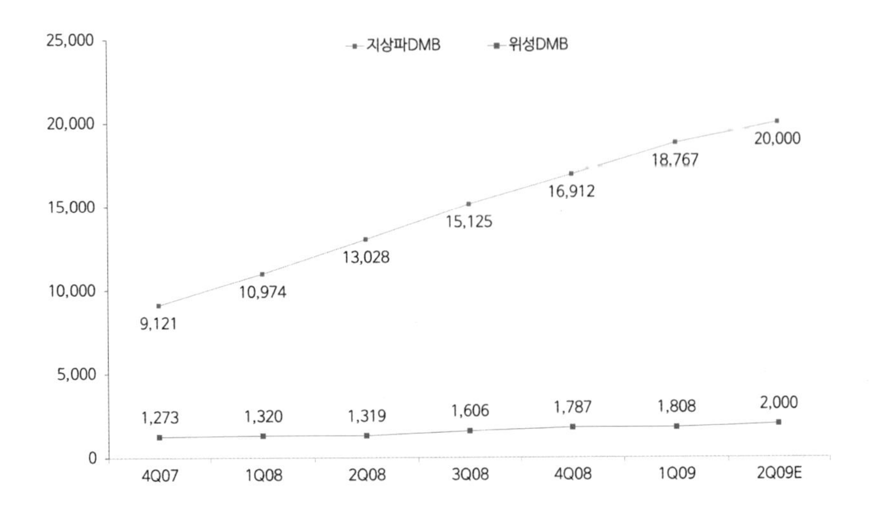

5년만에 커버리지 재개, 모바일 쿠폰 시장의 강자로 우뚝

동사는 2014년 5월 모바일 쿠폰 업체 이스크라를 인수했다. 당시 이스크라는 급성장하고 있는 모바일 쿠폰 시장의 선두 업체로 동사에 피인수된 이후 7월부터 카카오톡 선물하기 플랫폼에 입점하면서 고속 성장이 예상되었다. 카카오톡 입점은 전략적 파트너사인 GS리테일과 함께 추진한 것으로 8,000여 개에 달하는 GS25 편의점 상품을 모바일 쿠폰 형태로 제작해 판매할 수 있게 되었다.

동사는 향후 다양한 분야의 업체들과 제휴를 통해 여행, 외식 등의 모바일 쿠폰 상품을 서비스할 계획을 밝혔으며, 중장기적으로 경쟁력 있는 온라인 쇼핑몰 등과의 제휴를 통해 배송 상품군까지 취급 범위를 확대할 예정이었다.

2013년 100억 원에 불과하던 동사의 매출은 이스크라 인수를 통해 단숨에 200억 원 중반까지 성장할 수 있을 것으로 예상되었고, 이 같은 모멘텀으로 5년 만에 커버리지를 재개하게 되었다.

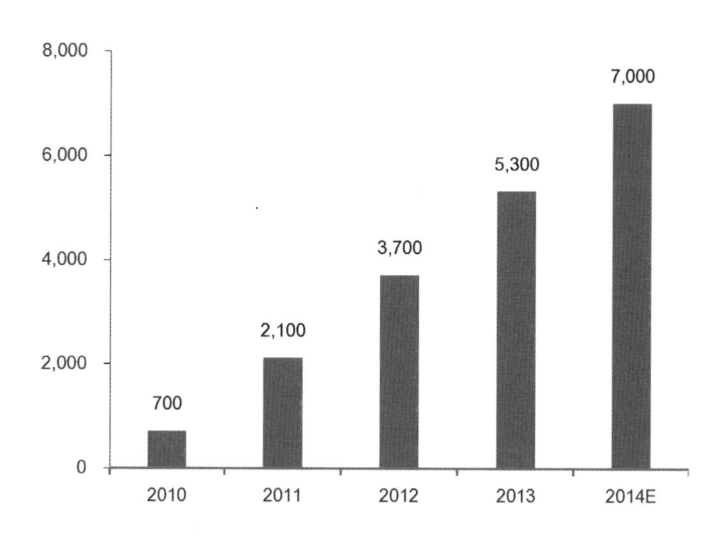

재무제표 요약 및 수정 주가 추이

연 도	매출액(억원)	영업이익 (억원)	영업이익률(%)	당기순이익 (억원)	당기순이익률 (%)	ROE(%)
2006	103	6	5.5	3	3.0	2.5
2007	58	-24	-40.8	-46	-79.0	-38.4
2008	82	12	15.2	3	3.3	2.5
2009	60	2	2.9	5	8.6	4.1
2010	80	1	1.2	-4	-4.5	-2.6
2011	107	-9	-8.3	-18	-16.4	-11.6
2012	97	-33	-34.6	-33	-33.8	-22.5
2013	87	-36	-41.6	-48	-55.3	-39.1
2014	251	13	5.2	10	4.1	8.4
2015	370	-21	-5.7	-23	-6.3	-19.4

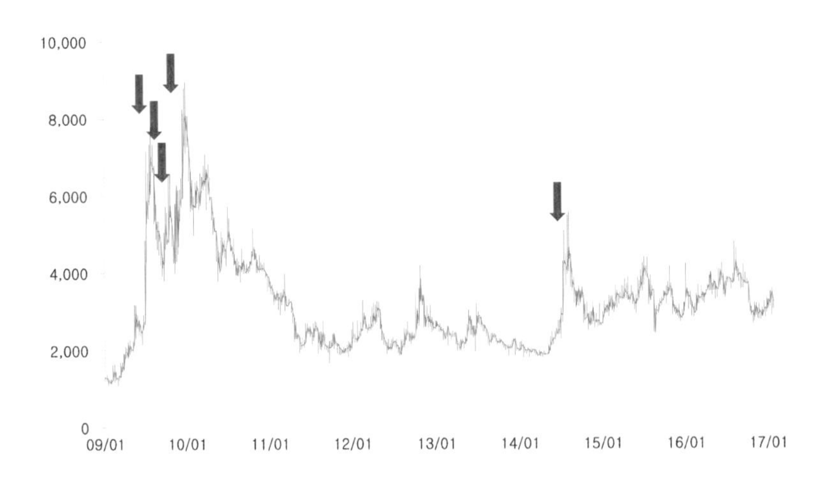

2009년 7월 보고서 발간 후 3일 연속 상한가를 기록했다. 한 달간 182% 상승세를 나타내며 투자자들의 이목을 끌었다.

블루콤(033560, KQ): 두꺼운 얼음도 봄이 오면 녹는다

2011년 4월 1일 블루콤에 대한 첫 리포트를 발간했다. 동사는 2011년 1월에 상장되었는데, 3개월 락업(주가 안정화를 위해 일정 기간 매도하지 못하게 하는 제도)이 끝난 물량이 출회되면서 하락세를 면치 못했다. 보고서 발간 당시 기준일 기준 1만3,700원이던 주가가 6,600원까지 떨어지며 반토막이 났다.

2011년 하반기 애플향 공급이 가시화되면서 저항선으로 작용하던 1만4,000원 부근을 돌파할 것으로 판단했다. 그래서 2011년 10월, 6개월 만에 커버리지를 재개했는데 이때도 반응이 썩 좋지 않았다. 동사가 애플을 신규 고객사로 확보한 데 대한 괘씸죄로 삼성전자향 부품 공급이 단절되었기 때문이다.

동사를 커버리지하던 많은 애널리스트들이 떠나갔다. 상장 후 2년이 지나도록 주가는 좀처럼 박스권을 상향 돌파하지 못했다. 실적 반등의 기미를 찾기 어려운 상황에서 나는 2013년 1월 21일 '두꺼운 얼음도 봄이 오면 녹는다'는 제목의 보고서를 발간했다.

미국, 유럽의 경기 회복과 Siri로부터 시작된 음성인식 시장 확대의 수혜로 블루투스 헤드셋의 판매가 급증할 것으로 예상했다. 실제로 동사의 넥밴드형 블루투스 헤드셋이 해외 시장에서 흥행하며 성수기에 진입했다. 2014년 4월 동사의 주가는 2만5,200원까지 상승했다

블루콤 주가 추이

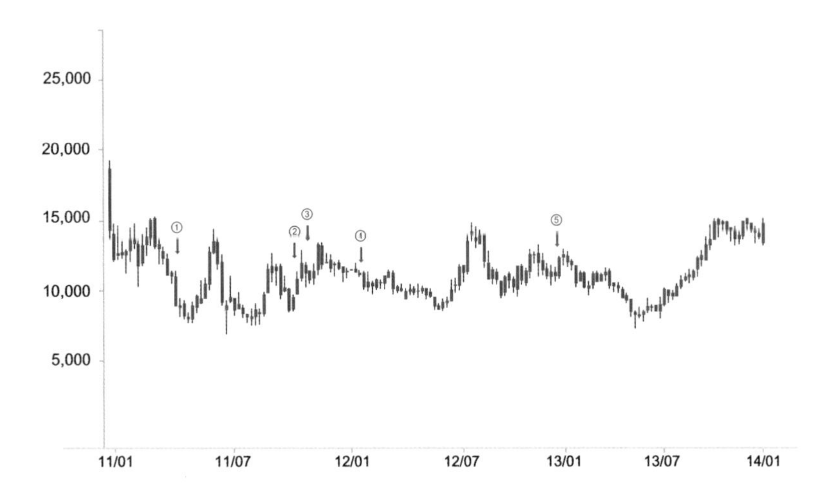

리포트 발간 일지

No.	날짜	리포트 제목	목표주가(원)	투자의견
①	2011.04.01	우리가 잘 아는 A社에 부품업체 등록 임박	17,500	BUY(신규)
②	2011.10.25	아이폰 4S 출시가 동사에 터닝 포인트로 작용할 전망	17,500	BUY(유지)
③	2011.10.31	아이폰 4S 출시 이후 플랜트로닉스의 주가 급등에 주목	17,500	BUY(유지)
④	2012.01.16	중국 아이폰 4S 판매개시, 해외에서 인기는 여전	18,000	BUY(유지)
⑤	2013.01.21	두꺼운 얼음도 봄이 오면 녹는다	16,000	BUY(재개)

휴대폰 부품 및 액세서리 전문 기업

동사는 1990년 설립된 휴대폰 부품 및 액세서리 전문 업체로 2011년 1월 코스닥에 상장되었다. 사업 초기 휴대폰 단음 벨소리를 발생시키는 부저(buzzer) 공급을 시작으로 1999년 휴대폰용 스피커 양산, 2006년 블루투스 헤드셋 생산, 2009년 리니어 진동모터 출시 등 지속적인 신제품 개발을 통해 성장해왔다.

동사의 휴대폰 부품은 이전까지 대부분 삼성전자 휴대폰에 탑재되었으나, 2011년 하반기부터 애플향 공급처가 추가될 것으로 예상되어 커버리지를 개시하게 되었다. 실제로 2011년 8월부터 애플사의 아이폰 4S에 동사의 리니어 진동모터가 탑재되기 시작했으며, 아이폰 4S 전체 물량 중 50% 이상을 동사가 담당하게 되었다.

커버리지를 개시한 2011년 4월까지만 하더라도 삼성전자에 애플까지 고객사로 확보하면서 장밋빛 전망이 예상되었다. 하지만 애플을 고객사로 선택한 데 따른 괘씸죄로 삼성전자 밴더에서 탈락하게 되면서 어려움을 겪게 된다.

음성인식 시장 확대에 따라 실적 개선 예상

2012년 동사의 주력 아이템은 아이폰 4S에 탑재되는 리니어 진동모터와 LG전자에 ODM으로 공급되는 블루투스 헤드셋이었다. 블루투스 헤드셋 사업 부문은 2009년 308억 원의 매출액을 기록했으나 2010년 유럽 발 금융 위기에 따른 소비심리 악화로 2010년 201억 원, 2011년에는 131억 원 규모까지 감소했다.

하지만 2012년 글로벌 경기 회복과 애플 아이폰 4S에 음성인식 기능인 Siri가 탑재되면서 음성인식 시장에 붐이 일 것으로 판단했고, 이런 긍정적인 요인들이 동사의 블루투스 헤드셋 판매량 증가에 영향을 미칠 것으로 예상했다.

또한 동사의 블루투스 헤드셋이 영어권 시장인 북미, 유럽 향 판매 비중이 80%에 달해 음성인식 시장 확대에 따른 수혜가 장기간 지속 가능할 것으로 전망되었다. Siri 상용화 초기에는 영어 음성만 인식이 가능했다.

아이폰 4S 출시 이후 플랜트로닉스의 주가 급등에 주목

아이폰 4S 출시 이후 美 뉴욕증권거래소에 상장되어 있는 플랜트로닉스(Pantronics)의 실적 개선과 주가 상승세에도 주목했다. 플랜트로닉스는 세계 최대의 블루투스 헤드셋 업체로 당시 연간 매출액은 8,000억 원 규모였으며, 시가총액은 1조7,000억 원에 달했다. 플랜트로닉스의 실적 개선은 아이폰 4S의 Siri가 호평을 받으며 음성인식 시장이 확대되었기 때문이라는 시각이 지배적이었다.

음성인식을 이용한 메시지 확인, 스케줄 조정, 데이터 검색을 지시하는 일련의 작업들에 대해 프라이버시 보호가 필요하기 때문에 블루투스 헤드셋이 해당 유저들의 필수 아이템으로 자리잡았다. 특히 동사가 생산하는 넥밴드형 블루투스 헤드셋은 미국 시장 내 점유율 1위를 기록할 정도로 인기를 끌며 2015년까지 고성장을 이어갔다.

동사의 블루투스 헤드셋 매출 추이 및 전망(단위 : 억 원)

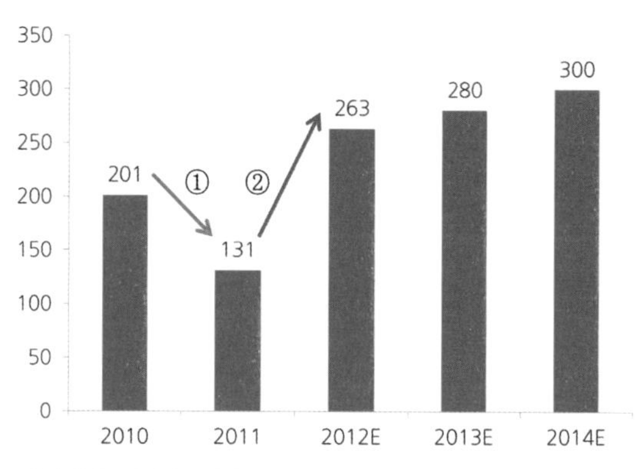

① 유럽발 금융위기 소비심리 악화 영향 ② 경기회복 음성인식 시장 확대

2012년 동사의 블루투스 헤드셋 지역별 판매 비중(단위 : %)

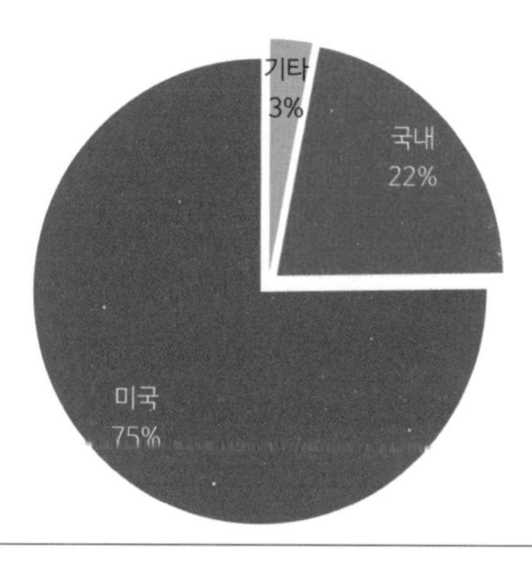

재무제표 요약 및 수정 주가 추이

연 도	매출액(억원)	영업이익 (억원)	영업이익률(%)	당기순이익 (억원)	당기순이익률 (%)	ROE(%)
2006	312	32	10.3	27	8.5	6.9
2007	346	8	2.3	21	6.1	5.1
2008	558	19	3.5	77	13.8	15.8
2009	788	64	8.1	95	12.1	16.1
2010	652	95	14.5	93	14.2	13.7
2011	412	1	0.3	11	2.7	1.3
2012	568	63	11.1	37	6.5	3.8
2013	855	136	15.9	123	14.4	11.8
2014	1,965	335	17.1	285	14.5	23.1
2015	2,171	323	14.9	310	14.3	20.9

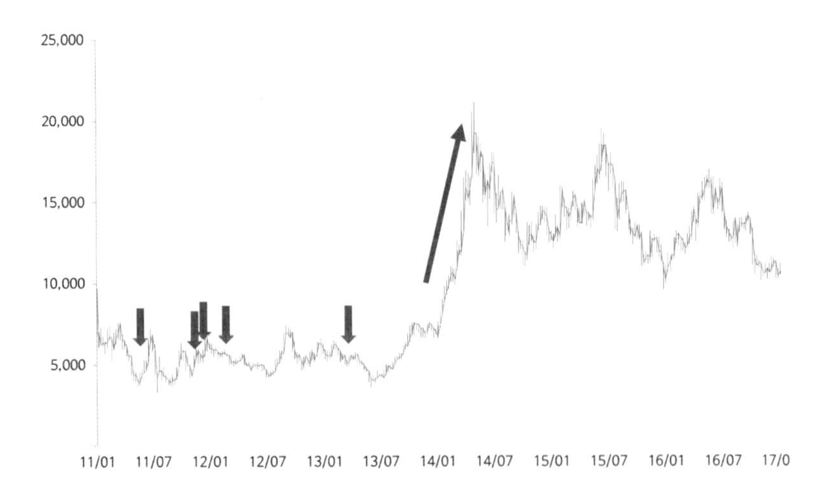

2012년부터 미국시장 내 블루투스 헤드셋 판매량이 급증하며 주가 상승을 견인했다.

로엔(016170, KQ):

군계일학(群鷄一鶴), 엔터주 중 단연 돋보이는 실적 달성

2011년 6월 로엔에 대한 첫 리포트를 발간했다. 당시 동사의 주가는 7,480원이었고, 시가총액은 1,892억 원이었다. 내가 동사에 관심을 갖게 된 이유는 당시 흥행했던 〈나는 가수다〉라는 예능 프로 때문이었다. 〈나는 가수다〉는 가수 김건모의 재도전 사태로 방송 중단 논란에까지 이르게 되면서 노이즈 마케팅 효과를 톡톡히 누렸는데, 방송이 나가자마자 주요 음원 차트에는 〈나는 가수다〉 음원으로 도배가 되었다. 그래서 필자는 〈나는 가수다〉 음원을 공급하는 유통사가 어딘지를 찾았고, 동사가 〈나는 가수다〉 음원을 독점 유통한다는 사실을 파악할 수 있었다.

당시 가온차트에서 제공하고 있던 월별 다운로드, 스트리밍 건수 자료를 분석해 〈나는 가수다〉 음원이 국내 음원 다운로드 시장의 17%, 스트리밍 시장의 14% 비중을 차지하고 있다고 밝혔다. 해당 보고서 발간 후 이 같은 내용은 스포츠신문에 실릴 정도로 시장의 관심이 뜨거웠다.

첫 보고서 이후 2012년 1월까지 총 네 차례의 목표주가 상향 리포트를 발간했고, 약 7개월 동안 2만3,400원까지 상승해 212%의 수익률을 기록했다. 이후 로엔은 1년간의 조정 기간을 마치고 상승하기 시작해 2015년 7월 29일 10만 원을 돌파했다. 동사는 2018년 9월 카카오에 피인수되어 18일 상장 폐지되었다.

로엔 주가 추이

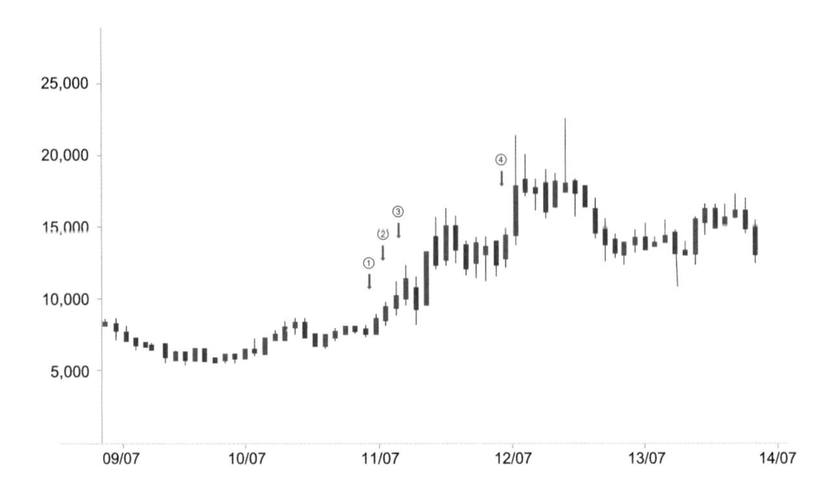

리포트 발간 일지

No.	날짜	리포트 제목	목표주가(원)	투자의견
①	2011.06.13	실적개선은 기본, 이제 큰 그림을 볼 때	10,000	BUY(신규)
②	2011.07.18	에스엠의 불확실한 미래 보다는 로엔이 좋다	13,500	BUY(유지)
③	2011.08.17	群鷄一鶴엔터주 중 단연 돋보이는 실적 달성	14,500	BUY(유지)
④	2012.01.16	아이유의 해외시장 진출로 성장성 확대 전망	18,600	BUY(유지)

국내 최대의 온라인 음원 포털 '멜론'

동사는 1978년 오프라인 음반 유통업체 '서울음반'으로 설립되었으며, 2000년 12월 코스닥에 상장했다. 이후 2005년 SK텔레콤에 피인수되었으며, 2008년 하반기 SK텔레콤으로부터 온라인 음원 서비스 사업인 '멜론(MelOn)'을 양수해 음악 서비스 플랫폼, 음원 및 음반 유통, 음원 콘텐츠 제작, 아티스트 매니지먼트 등 전 분야를 포괄하게 되었다.

2011년 당시 국내 음악 산업은 스마트폰 보급 확대에 따른 접근성 개선, 불법 복제물에 대한 단속 강화, 〈슈퍼스타K〉, 〈위대한 탄생〉 등 오디션 프로그램 확대를 통한 양방향 서비스 활성화, 〈나는 가수다〉와 같은 서바이벌 프로그램의 시청률 증가 등으로 국내 음악 산업 확대에 긍정적인 시장 환경을 조성되고 있었다.

MBC와 〈나는 가수다〉 음원 독점 유통 계약으로 수혜 전망

특히 〈나는 가수다〉가 방영된 2011년 3월과 5월의 국내 주요 음악 사이트에서 서비스 중인 음원 판매량을 조사한 결과 다운로드 1,818만 건, 스트리밍 1억2,395만 건이 이뤄진 것으로 집계되었다.

이는 1~200위 내 다운로드 전체 시장의 17%, 스트리밍 시장의 14% 비중을 차지한 것으로 전무후무한 기록이었다. 동사는 당시 MBC와 〈나는 가수다〉 음원 독점 유통 계약을 체결하고 있어 고성장이 기대되었다

3월과 5월의 〈나는 가수다〉 관련 음원 현황 및 비중(단위 : 건, %)

3월&5월	1위~200위 합계	나가수 음원	비중
다운로드	104,710,193	18,183,370	17.4%
스트리밍	879,223,095	123,947,121	14.1%

SM의 불확실한 미래보다 로엔이 유망

동사는 국내 온라인 음원 유통 서비스 1위를 점유하고 있는 업체로 전체 매출 중 65% 이상을 멜론을 통해 얻고 있었다. 온라인 음원 유통 시장은 매년 10%가량의 안정적인 성장세가 지속되고 있다. 반면 에스엠은 공연 및 오프라인 음반 매출 비중이 70% 이상을 차지하고 있었는데 오프라인 음반 시장은 온라인 음원 시장의 성장으로 하락 추세를 보일 것이 자명했고, 소속 아티스트의 공연 및 광고 출연으로 벌어들이는 수입은 활동 시기에 따른 변동폭이 심해 부정적인 측면이 있었다.

2011년 6월 시가총액은 에스엠이 4,539억 원, 로엔이 2,218억 원으로 두 배가량 차이가 있었지만, 곧 역전이 가능할 것으로 판단했다. 실제 2014년 6월 로엔은 에스엠의 시가총액을 뛰어넘었다.

재무제표 요약 및 수정 주가 추이

연 도	매출액(억원)	영업이익 (억원)	영업이익률(%)	당기순이익 (억원)	당기순이익률 (%)	ROE(%)
2006	315	-7	-2.2	-7	-2.2	-1.8
2007	343	-39	-11.4	-64	-18.6	-18.1
2008	308	3	1.0	13	4.1	2.7
2009	1,014	64	6.3	45	4.5	7.3
2010	1,390	164	11.8	98	7.0	14.7
2011	1,672	294	17.6	214	12.8	23.8
2012	1,850	301	16.3	236	12.8	19.9
2013	2,526	373	14.8	341	13.5	23.6
2014	3,233	585	18.1	458	14.2	25.0
2015	3,576	634	17.7	503	14.1	22.3

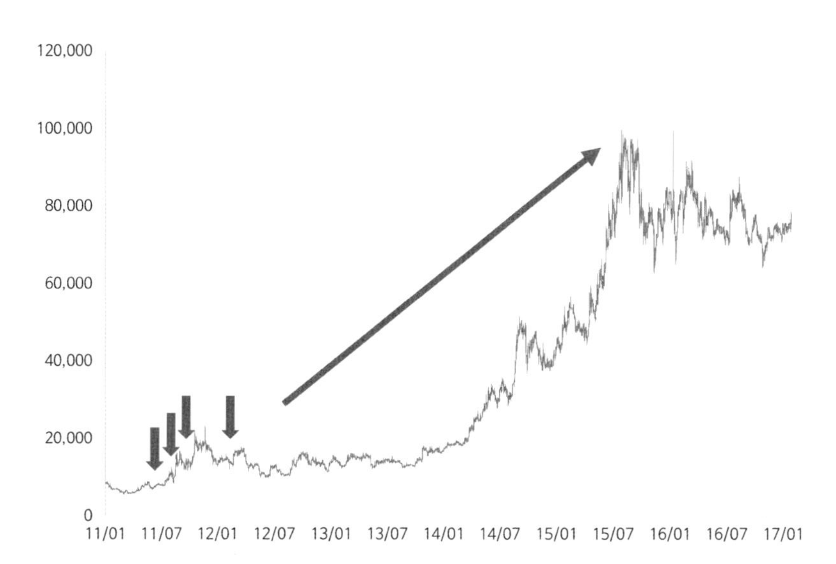

마지막 보고서 발간 이후 1년여간 조정세를 보이다가 2013년 하반기부터 급등하기 시작해 10만 원을 돌파했다.

Part 2

실 전

모든 것은 이미 결정되어 있다

운명론을 믿는가? 운명론은 이 세상의 만사가 미리 정해진 필연적 법칙에 따라 일어난다고 하는 철학적 견해다. 흔히 인간의 자유의지를 중시하는 개척론과 대비되는 개념으로 잘 알려져 있는데, 극단적 운명론은 개척론까지 운명이라고 주장하기도 한다.

나는 운명론을 믿는 편이다. 그래서 훌륭한 투자 성과를 달성하더라도 '내가 잘해서 좋은 성과를 거뒀다'고 생각하기보다 '원래 잘될 종목이었는데 운 좋게 발견했다'는 마음을 가진다. 이 업체는 내가 보고서를 쓰지 않았어도 잘 될 회사였다. 이렇게 이미 결정이 되어 있다고 믿으면 우리는 더 겸손해질 수 있다.

나는 애널리스트로 일하면서 펀드매니저들이 관심 없어 하는 소형주 분석을 해왔는데 어떻게 하면 그들의 관심을 끌어낼 수 있을지에 대해 고민이 많았다. 대다수의 매니저들은 자신이 운영하는 펀드에서 대형주 비중이 크기 때문에 5,000억 원 미만의 중소형주에 대해서는 무관심한 경향이 많다. 그들에게 어필하기 위해서는 수익률로 보여주는 수밖에 없었고, 내 종목으로 만들기 위해서는 남들이 들여다보지 않는 업체를 분석할 수밖에 없었다.

나는 기업을 분석하면서 내 보고서 때문에, 내 세일즈 때문에 주가가 올랐다고 생각해본 적이 추호도 없다. 모든 것이 이미 결정되어 있는 것처럼 그 회사는 그렇게 될 회사였고, 나는 그런 내용의 보고서를 다행히 좋은 타이밍에 릴리스했을 뿐이다. 내가 운 좋게 남들보다 먼저 발견한 것일 뿐 누가 해도 마찬가지의 결과를 가져왔을 것이다.

훌륭한 바카라 겜블러는 자신이 직접 카드를 오픈하는 데 공을 들이지 않는다. 이미 자신의 판단에 대한 확신이 있기 때문이다. 그에게 있어 카드를 확인하는 것은 Natural을 기대하는 것이 아니라, 이번 승부에서 예상대로 승리했는가를 확인하는 절차일 뿐이다.

이렇듯 이미 투자하기 전에 성공이 결정되어 있고, 칩을 올려두기 전에 결과는 정해져 있다. 매일 차트를 확인하며 조급해하지 말고, 자신이 분석한 결과에 믿음을 갖자. 좋은 선택을 했다면 좋은 결과가 있을 것이다. 또한 카드를 쪼이는 데 너무 공을 들이지 말라. 눈만 아프다.

이미 결정되어 있다고 생각하면 몇 가지 이점이 있는데, 첫째는 투자나 베팅에 있어 기도하는 마음이 없어진다는 것이다. 기도해야 할 것은 승부에 이기는 것이어야지, 바라는 것이 이루어지는 재미에 현혹되어서는 안 된다.

둘째는 집착이 없어진다는 것이다. 내가 꼭 직접 투자를 해야 성공하는 것은 아니다. 능력 있는 브로커나 펀드매니저, PB 같은 전문 투자자를 이용하면 내 삶이 보다 자유로울 수 있다. 카드도 내가 직접 확인해야 베팅에 성공하는 것이 아니다. 바카라에서 카드를 직접 오픈하기 위해서는 테이블에서 가장 돈을 많이 걸어야 하는데, 이런 사소한 집착에서 승부가 흐트러지기 일쑤다.

승부를 멈추지 마라

혹자는 이렇게 말한다. "주식시장이 좋지 않을 때에는 현금화를 많이 시켜둬야지, 아직까지 안 팔고 뭐했어?" 내 생각으로는 이런 말을 하는 사람들은 주식투자에 별 관심이 없는 사람이거나, 가지고 있는 자산 중 일부만 주식에 투자하고 있는 사람일 확률이 높다.

많은 투자가들이 하락장을 피해 갔으면 좋겠다고 애쓴다. 하지만 잘 알다시피 우리는 모든 것을 견디고 견디다 못해 결국 막대한 피해를 입고 손절하고 나서야 "이번 하락장도 온몸으로 부딪쳤어"라는 쓰라린 훈장을 가슴에 달고 지나치게 된다.

항상 전 재산을 주식에 투자하고 있어서 하락장을 피해 갈 수 없다면, 상승장에서 많은 수익을 미리 내놓자. 그리고 너무 올라서 하락장에 진입할 낌새가 보인다면 더 이상 빠질 수 없는 안전 마진이 있는 업체를 선별해 투자하는 습관을 기르자. 이는 차트가 바닥에 있는 종목일 수도 있고, 자산 가치가 우량한 회사일 수도 있다.

투자의 고수들은 하락장에서 선물 옵션 매도를 통한 헷지를 사용하곤 하지만 나는 신용, 주식 담보 대출 등 레버리지를 일부 남겨두는 전략을 추천하고 싶다. 선물 옵션을 활용하다 보면 자칫 투기에 빠질 염려가 있기 때문이다.

대부분의 투자자들이 신용, 주식 담보 대출 등 상품을 통해 자신이 가지고 있는 자산보다 많은 규모를 투자하고 있다. 앞서 추천한 레버리지를 남겨두는 전략은 가용할 수 있는 신용, 주식 담보 대출의 50%가량을 따로 남겨두라는 것이다. 이를 통해 우리는 반대 매매에 대한 심리적 압박감을 덜 수 있을 뿐만 아니라, 하락장 바닥 부근이라는 판단이 섰을 때 추가 매집을 통해 기술적 반등을 기대해볼 수도 있다.

하락장을 피하려고만 생각하지 말고 승부를 당당히 진행해 나가자. 미리 많은 수익을 만들어놓고, 차분한 준비가 되어 있다면 두려울 것이 없다. 결국 오르게 되어 있는 주식을 매수했다는 믿음이 있기 때문이다. 담보 비율에 쫓기지만 않으면 된다. 이를 충실히 실행해 나간다면 하락장을 두려워할 필요가 없다.

바카라를 할 때도 마찬가지이다. 나는 보통 한 슈를 시작하면 처음부터 끝까지 거의 모든 게임에 베팅하는 편이다. 어떤 겜블러들은 게임을 지켜보다가 원하는 그림이 왔을 때 베팅을 하는데, 나는 그렇게 하는 겜블에 문제가 많다고 생각하는 편이다. 원하는 그림이 만들어지면 이미 끝물일 확률이 높다. 이는 상승 추세 막바지에 있는 종목을 꼭지에서 매수하는 것과 같다.

주식이든 겜블이든 자신이 직접 해보지 않고서는 그 긴장감을 느낄 수가 없다. 실제 베팅을 하지 않고 '이번 게임의 결과는 플레이어의 승리야'라고 생각하고 판을 지켜보는데 실제로 플레이어 승리로 결과가 나왔을 경우, 속으로 '거 봐, 내 생각이 맞았잖아' 하는 자신감으로 다음 게임에 베팅하게 되는데, 이건 두 게임을 연속해서 맞춰야 하기 때문에 확률상 떨어지는 게임이 되어버린다.

오직 내가 베팅한 게임에서 이기는 것만이 중요하다. 주식도 올라갈 것 같아서 관심 종목에 넣어뒀는데 매수하지 못했으면 꽝인 것과 같다. 일단 승부할 마음이 정해졌으면 이기는 베팅을 해야 한다. 그러기 위해서는 온갖 촉각을 곤두세워 게임에 집중해야 한다.

그러려면 내 돈을 베팅해 가면서 판세의 흐름을 직접 느껴야 한다. 나는 바카라를 하면서 확신이 안 설 경우 스몰벳을 하면서 차라리 틀리기를 바랄 때가 간혹 있다. 확실치 않더라도 베팅하면서 긴장감을 유지한다. 이는 다음 판의 빅벳을 위한 준비의 과정이다. 이렇게 준비한 빅벳은 승리로 이어질 확률이 높다. 이것은 마치 더 이상 빠질 수 없는 바닥에 있는 주식을 사는 것과 같다.

승부를 이어가기 위해서는 항상 자신이 전장에 참여하고 있어야 한다. 절대 방관자가 되어서는 안 된다. 자리를 떠나 있으면 감각이 무뎌진다. 칼날이 곧게 세워 언제든지 승부를 낼 수 있도록 긴장감을 유지하자.

인생의 목표로 삼았던 부를 축적하고도 아직도 대다수의 자산가가 주식투자를 지속하고 있다. 그것도 과거보다 더 많은 자산을 가지고 말이다. 그들의 목표는 끝을 알 수 없을 정도로 계속 높아진다. 하루도 허투루 보내지 않고 승부에 매진한다.

주식투자로 큰돈을 모은 자산가 중에 가끔 '내가 주식시장에 뛰어들지 않았다면 지금쯤 어떤 생활을 하고 있었을까'라는 말을 하는 사람들이 있다. 이는 다시 말해 아직도 '주식시장에서만큼은 개천에서 용 날 수 있다'는 것으로 해석된다. 우리도 할 수 있다.

많은 자산가가 그렇게 개천에서 용이 되었다. 아직 주식시장에서는 그게 가능하다.

빅벳과 장패는 미리 설계했을 때만 값어치가 있다

꽃이 졌을 때 비로소 봄이 지난 줄 알았다.

증권가에 속칭 '꽃장'이라는 상승 랠리가 펼쳐질 때가 있다. 내가 처음 경험했던 꽃장은 ①2006년부터 2008년 서브프라임 사태가 일어나기 전까지였다. 그 후 ②글로벌 금융 위기가 마무리되기 시작한 2009년 초부터 2011년 중순까지와 ③지지부진했던 코스닥 지수가 박스권 장세를 돌파한 2015년도 초부터 중순까지의 꽃장을 경험했다. 그리고 어쩌면 지금 다시 꽃장이 시작되고 있는 것은 아닐까 싶다.

그럼 그 많은 투자자가 꽃장을 경험하고 다 수익을 내서 부자가 됐을까? 몇몇 투자자는 수십 배 이상의 자산 증식을 이뤘지만 대부분은 큰 부를 얻지 못했을뿐더러 손실이 나지 않은 것만 해도 다행으로 여겼다. 그들이 이익을 보지 못한 이유는 너무 꽃이 만개했을 시기에 투자를 확대했기 때문이다. 우리는 고점에 있는 주식을 분위기에 휩쓸려 매집하는 경우가 종종 있다. 지인이 어떤 주식을 사서 많은 돈을 벌었다는 얘길 듣거나 정보 모임에서 호재가 될 만한 재료를 접했을 경우 말이다.

고점에 와 있는 주식으로는 큰 수익을 내기 힘들다. 남들이 다 하니까 따라 하는 그런 투자에 관심을 두지 말자. 진짜 중요한 승부는 오랜 시간을 기다려야 온다. 남들이 생각지 못한 투자 아이디어 분석이 끝나면, 해당 종목의 주가가 오르지 않도록 서서히 매집하라. 그러고 나서 자신의 논리가 시장에서 검증되면 그때 비로소 큰 수익을 얻을 수 있는 것이다. 대부분의 자산가는 자산을 급속히 늘렸던 자신만의 종목이 한둘씩은 있다. 아마 투자자라면 다들 알 만한 종목일 것이다. 그들은 그 종목들을 남들이 모를 때부터 조금씩 조금씩 매집하여 어마어마한 물량을 모아왔다. 아무도 모를 때 자신만의 논리를 가지고 고독하게 매집을 한 것이다.

나는 애널리스트로 일하면서 다양한 아이디어를 얻기 위해 각종 연구소의 홈페이지, 각국의 뉴스매거진 및 데이터 센터를 기웃거렸다. 심지어 포털의 주식 카페나 블로그에서 정보를 찾기도 했다. 이런 과정에서 기업을 분석하는 전문가들이 재야에도 상당수 있다는 것을 느꼈고, 제도권의 보고서보다 뛰어난 내용도 부지기수였다. 주식시장은 우리가 생각하는 것 이상으로 상당히 합리적이기 때문에 아이디어만 참신하다면 어떠한 방식으로든 시장에 알려지게 되어 있다.

바카라 겜블의 꽃은 바로 플레이어나 뱅커가 대여섯 개 이상 연이어 나오는 장패에 있다. 많은 겜블러가 이 장패를 기다리고 기다리지만 실제로 장패를 통해 큰돈을 번 사람은 그리 많지 않다. 그 이유 고점에서 주식을 사는 것과 마찬가지로 이미 네다섯 번 정도 연속해서 같은 그림이 나왔을 때부터 장패라 생가하고 다시 한번 같은 방향으로 베팅하기 때문이다. 그것도 인생에 단 한 번 오는 기회인 것 마냥 빅베팅을 쳐댄다.

미리부터 이기고 있지 못하는 장패는 의미가 없다. 그래서 우리는 미리 그 장패를 예상할 수 있어야 한다. 나는 가끔 겜블을 하면서 나만의 가정을 세운다. 예를 들면 '이번 스몰벳이 죽으면 다음에 내가 원하는 플레이어가 세 차례 이상 연달아 이어질 거야'라고 생각하는 것이다. 판을 이어 가면서 미리 그림을 그려 보는 습관을 기르는 것이다. 그래서 시작부터 장패를 예상해 예측이 맞으면 생각했던 횟수까지 더블에 더블을 얹는다. 나는 연달아 다섯 개 이상의 장패부터는 다시 처음의 베팅으로 줄여 간다. 인생에 한 번 오는 기회라고 생각해 빅벳을 해서 이기는 것은 이런 장패를 초반부터 이기고 있을 때나 가능하다. 연달아 열 개의 장패를 이어가고 있는 테이블에 기웃거리면서 사람들을 헤치고 손을 뻗어 빅베팅을 하는 것은 마치 '내 돈 좀 가져가주세요' 하며 카지노에 기부하는 것과 다르지 않다.

명심하자. 고점에서 꼭지를 잡지 말고, 장패의 끄트머리에서 빅벳을 하지 말자.

가진 돈이 적다고 승부에 소홀하지 마라

현재 가진 돈이 남들보다 적다고 자신의 베팅을 하찮게 여기지 말라. 특히 많은 카지노 겜블러들이 돈을 잃고 마지막 남은 자투리 돈을 쉽게 올인(All in) 베팅을 하는 경우가 있는데, 앞으로 이런 행동은 절대 삼가자. 주식투자를 하면서도 반토막 난 계좌를 복구해보겠다고 등락이 가파른 테마주에 미수나 신용을 써 가며 마지막 승부를 보겠다는 투자자들이 간혹 있는데, 정말 해서는 안 될 짓이다.

누구나 인생사에는 다 굴곡이 있다. 카지노에서 즐기는 오늘 하루나 주식시장을 지켜보고 있는 오늘 하루나 다 그 인생의 일부분이다. 그 굴곡의 어느 특정한 순간에 마지막 베팅(마지막 투자)이라며 성급히 승부를 마무리 지으면 다시 일어서기 어려워진다. 사람은 모름지기 어렵고 혹독한 환경일수록 정확하고 세밀한 집중력이 생겨 이를 극복(克服)할 수 있게 되어 있다. 신은 당신이 감내할 수 없는 고난을 주지 않는다. 이 척박했던 지구를 지금의 환경으로 만들어 놓은 것만으로도 포기하지 않는 인류의 습성을 알 수 있지 않은가. 우리 또한 절대 포기해서는 안 된다. 절대로 허무한 올인 베팅을 해서는 안 된다.

몇 번이나 사업에 실패하고도 결국 재기에 성공한 사업가들, 깡통 계좌를 몇 번이나 경험하면서도 끝내 수익을 거둔 거액의 자산가들, 마지막 베팅을 쪼개고 쪼개서 종래에는 목표 금액을 채워 일어서는 겜블러들. 이들을 보면 절로 고개가 숙여지게 된다. 우리도 이런 승부사가 되어야 한다. 바카라는 흐름이 빠른 게임이기 때문에 올인에 가까운 상황이라도 금새 회복이 가능하다. 주식투자도 주식 가격 상하한의 폭이 ±15%에서 ±30%로 바뀌었기 때문에 한두 번 투자에 성공하면 단기간에 다시 종잣돈을 만들 수 있으므로 절대 자포자기하는 마음으로 투자에 임해서는 안 된다.

승리로 가는 길은 다양하다

한 분야에서 일가(一家)를 이룬 승부사일수록 남다른 개성을 가지고 있다. 모두 자신만의 투자 법칙, 겜블 스타일을 고수하면서 큰돈을 벌어 본 사람들일 것이다. 나는 이들을 존중한다. 하지만 투자나 겜블은 예술이 아니다. 자신만의 스타일을 평생 고수해 나가서는 안 된다는 뜻이다. 투자와 겜블은 이제 테크닉의 시대로 급속히 변하고 있다. 빅데이터와 인공지능을 활용한 투자 시대가 코앞까지 다가왔다. 앞서 설명한 바와 같이 지금 내가 가지고 있는 지식은 해가 지나면 절반 이상이 소용없는 것이 되고 마는 그런 시대에 살고 있음을 상기하자.

혹시 자신의 자산이 급속하게 증가하다가 지금 정체 중이라면 무리하지 않는 선에서 다른 시도나 다른 분야에 대한 투자를 검토해보는 것이 좋다. 한 예로 상하한가의 변동 폭이 ±30%로 바뀌기 전인 2015년 6월까지만 하더라도 상한가에 잔량을 쌓는 소위 '상따'라는 매매 방식으로 수익을 올리는 투자자들이 있었다. 그러나 상하한가 변동 폭이 확대되면서 같은 방식을 고수하기 어려운 시장 환경이 돼버렸다.

또, 외국인 매수나 기관매수처럼 어떤 자신만의 시그널을 찾아서 '급소'라는 매매 방식을 추구하는 개인투자자들도 많은데, 이들도 최근 외국 기관의 거래량이 급감하면서 데이터에 대한 신뢰도가 떨어지고 있다고 하소연이다. 게다가 외국계 증권사 창구를 이용한 초단타 매매도 성행하고 있어 기존의 성공 방식을 수정해야만 하는 상황이다. 매매 방식이 아니더라도 어떤 투자자들은 IT 섹터의 업체에만 투자하거나, 게임과 바이오 같은 성장주에만 집중한다거나, 자산 가치가 높은 안전주 비중이 극도로 높은 것에만 투자하는 성향을 가지고 있기도 하다.

바카라 겜블러들도 마찬가지다. 어떤 겜블러는 네다섯 개 이상 연달아 한 방향으로 나오는 '장패'만을 좇고, 또 다른 겜블러는 플레이어와 뱅커가 번갈아 나오는 '핑퐁'을 선호한다. 또 금액을 조절하면서 플레이어나 뱅커 한 방향에만 베팅을 하는 겜블러들도 있다. 그들 중에는 수백억을 가지고 전업투자를 하는 자산가들도 있고, 조막손 개인투자자들도 있다. 겜블러 중에도 1분이 채 걸리지 않는 한 게임에 천만 원 이상씩을 베팅하는 사람들이 있다. 자신만의 방식으로 말이다. 멀리서 보면 이해가 안 되는 방식이지만 그들은 그렇게 자산을 축적해 왔다.

나도 그랬다. 나는 스몰캡 애널리스트였지만 바이오, 게임 섹터를 철저히 멀리했다. 주위에 친하게 지내는 바이오, 애널리스트들이 그들이 정말 괜찮은 종목이라며 추천해 주기도 했지만 나는 기본적으로 실적이 가늠되지 않는 업체를 기피하는 편이었다. 그래서 해당 섹터의 종목들을 멀리했고, 이런 성향이 몰고 온 결과는 끔찍하다 못해 비극적이고 참담했다.

2013년 말 한 게임 업체에 탐방을 갔다. 연초에 5만 원 수준에서 거래되던 주가가 2만 원까지 내려가 있어서 어떤 이유 때문인지 알기 위해 방문한 것이었다. 스마트폰의 보급이 한창 진행 중이던 시점이었기에 모바일 게임을 개발하는 이 업체의 실적이 앞으로 좋아질 수 있을 것이라 생각했고, 지금 가격 수준이면 충분히 안정적이라 판단했다. 하지만 보고서를 쓰거나 어디에 추천하지는 않았다. 공부가 아직 덜된 분야이기도 했고 실적이 좋아지긴 하겠지만 얼마나 좋아질 수 있을지 가늠이 되지 않았기 때문이었다. 2만 원이던 그 회사의 주가는 2014년에 들어서면서 1년간 계속 상승해 20만 원까지 올랐다. 이 업체가 바로 컴투스다.

컴투스 2009~2014년 주가 월봉 추이

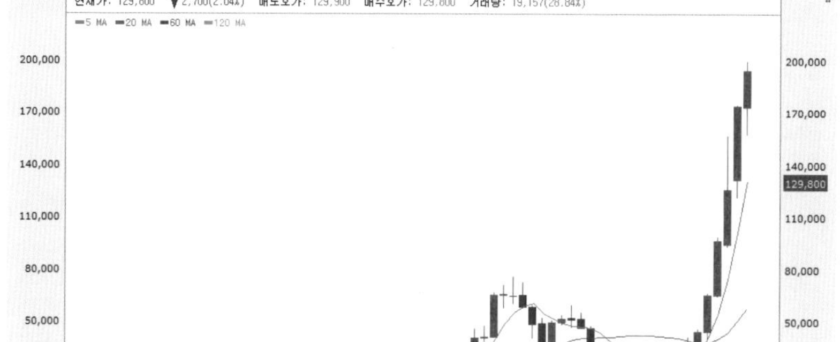

코스닥 2008~2018 월봉 추이

이런 경우가 또 있었다. 코스닥 지수의 월봉 차트를 보면 2010년부터 2014년까지 5년간 500pt대 박스권에서 움직인 것을 확인할 수 있다. 2015년부터 박스권을 상향 돌파할 수 있었던 것은 셀트리온, 메디톡스 등 바이오 업체들의 고성장 때문이라고 해도 과언이 아니다.

2014년 말 어느 바이오 업체의 기업설명회가 있었다. 10여 명가량의 소규모 미팅이었는데, 당시 우리 회사에는 바이오 담당 애널리스트가 없어서 내가 참석하게 되었다. 지금은 제약 · 바이오 섹터에 의학 전공자들이 많지만 당시만 하더라도 흔치 않았다. 미팅에서 이해되지 않은 부분이 많아 '바이오 섹터에 대해 공부를 좀 해야 하겠구나' 라는 생각을 했다. 그렇게 1년이 지났다. 기업설명회 당시 5만 원이던 주가는 1년 사이

바이로메드 2009~2015년 주가 월봉 추이

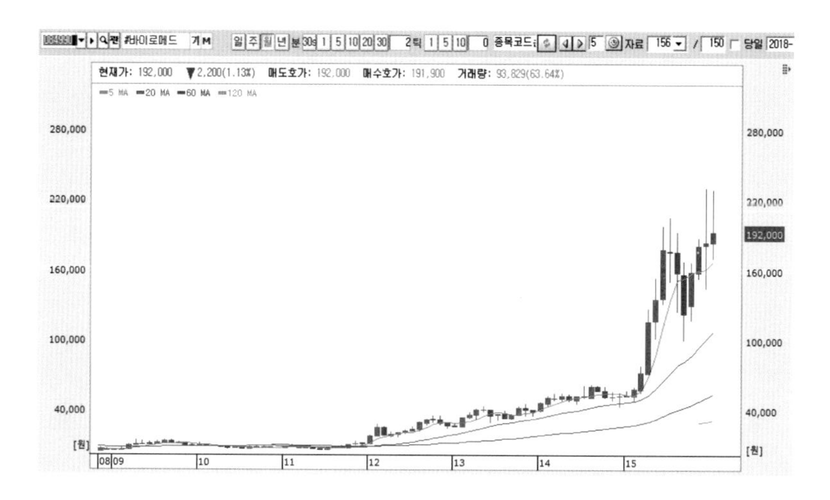

에 20만 원이 되어 있었다. 그 업체가 바로 바이로메드다.

가끔은 누가 돈을 어떻게 벌고 있는지 살펴볼 필요가 있다. 관심이 없던 분야를 공부해보려는 노력도 필요하다. 뒤에서 다루겠지만 겜블을 할 때도 가끔은 자신의 스타일과 다른 식의 베팅이 필요할 때가 있다. 이처럼 승리로 가는 길은 다양하다. 지금까지는 잘 해왔을지 모른다. 하지만 시대는 빠르게 변하고 있고 우리도 그 속도에 순응해 나가야 한다. 주식 가격 제한 폭의 확대, 대주주의 요건 강화, 내부 정보 이용에 대한 처벌 강화, 연기금의 중소형주에 대한 투자 비율 조정 등 누구도 경험해보지 못한 환경에서 누가 더 빨리 적응하느냐가 승패를 결정하게 될 것이다.

복수란 없다.
다만 새로운 기회가 있을 뿐

주식투자를 하다 손실을 많이 보셨습니까? 겜블을 하면서 돈을 많이 잃으셨나요?

주식투자나 겜블을 하다 보면 손실을 보게 되는 경우가 있고, 손실을 본 만큼 스트레스를 받게 된다. 이 스트레스는 어떻게 풀어야 할까? 알파고와의 결전으로 대중에게 큰 인기를 얻은 바둑기사 이세돌 9단. 그 세기의 대결이 있기 몇 해 전 손석희 앵커와의 대담에서 소개된 그의 스트레스 해소법에 관해 이야기해보려 한다.

손석희 앵커 : 바둑을 두다가 패배하게 되어 스트레스가 쌓이면 어떻게 푸시나요?

이세돌 9단 : 운동도 하고 등산도 하고 지인들과 같이 술도 한잔하고 그러는데요. 무엇보다 바둑으로 생긴 스트레스는 바둑으로 푸는 게 최고 아니겠습니까.

나 또한 스트레스를 풀기 위해 다방면으로 노력해봤지만 과거를 돌이켜보면 주식으로 쌓인 스트레스는 주식으로, 겜블로 쌓인 스트레스는 겜블로 푸는 것이 가장 효과적인 방법이 아니었나 싶다.

나에게 있어 '승부'란 지고 싶지 않을 때 지지 않는 것이다. 나는 골프나 당구 등의 게임에 어떤 큰 금액의 내기가 걸려 있어도 반드시 이겨야겠다는 생각을 하지 않는 편이다. 남들은 승부욕이 없다고 말하지만 그것은 내가 그 게임에서 별로 이기고 싶은 생각이 없었기 때문이다. 만약 지고 싶지 않은 사람과 같이 게임을 한다든지, 중요한 일을 앞두고 있기에 좋은 분위기를 이어 가려고 하는 경우에는 온 힘을 다해 플레이를 한다.

이런 맥락에서 내가 절대 지지 않기 위해 투지를 불태우는 것이 있다. 바로 주식투자와 카지노다. 이것들은 그저 유흥을 위한 지인과의 내기가 아니고, 죽기 살기로 임하는 진검승부이기에 반드시 이겨야 하는 것이다. 온 힘을 다했는데도 불구하고 승부에서 졌다면 패배를 받아들여야 한다. 어제 손실을 봤다고 오늘의 투자에 있어서 성급해져서는 안 된다. 마찬가지로 지난날 카지노에서 돈을 잃었다고 해서 '다음에 꼭 그것 이상으로 만회해야지' 하는 생각을 가져서도 안 된다. 패배를 겸허히 받아들이고 심기일전해서 새로운 기회를 잡아야 한다. 과거에 얽매여서는 본전 이상으로 가기 힘들다.

지난번 카지노에서 백만 원이 되었든 천만 원이 되었든 잃었던 것을 의식하지 말아라. 주식투자를 하면서 수천만 원, 수억 원을 날렸던 기억을 잊어라. 그 돈은 좋은 경험을 하는 데 사용했다고 생각하고 오늘부터는 새롭게 출발하는 것이다. 과거의 손실 금액을 계속 되뇌다 보면 투자나 베팅에 있어서 소극적으로 변하게 된다. 그럴 경우 수익을 내더라도 과거의 본전 수준에서 안도감을 갖게 된다. 그래서는 윗 단계로 나아갈 수 없다.

사람이라면 누구나 그럴 수밖에 없다. 게임을 하면서도 자기 칩이 얼마나 남았는지 자주 확인하게 되고, 주식계좌도 매일같이 확인하거나 심지어는 몇 분에 한 번씩 들여다보게 되니까 말이다. 잃은 금액을 되찾는 게 복수가 아니다. 우리는 새로운 기회를 통해 이전보다 더 앞으로 나아가야 한다. 그러기 위해서는 지난 손실을 그동안의 경험 비용으로 여길 수 있어야 한다. 그래야 본전에서 멈추지 않을 수 있다.

주식은 평생 해야 하고, 카지노는 자신의 주식투자 노하우를 평가할 수 있는 좋은 시험대다. 평생 해야 하는 승부에서 돈 몇 푼 잃었다고 복수심을 갖지 말자. 있는 그대로 받아들였을 때 우리는 경쟁력 있는 승부를 가져갈 수 있다. 주식과 카지노는 복수의 대상이 아니다. 그곳은 기회의 장(場)이다.

태산과 같은 기백으로 평온을 깨트려라

중요한 승부처는 변곡점에서 나온다. 훌륭한 투자자는 바닥을 예측해서 주식을 매수하고, 정점에 다다랐다고 판단했을 때 주식을 매도한다. 결단력 있는 겜블러라면 자신이 예상했던 그림대로 베팅을 진행해 나가고, 실패했을 때는 미련 없이 자리에서 일어난다.

하지만 우리는 장기투자를 하다가도 마지막 며칠을 견디지 못해 주식을 매도하고, 고점 부근에서 아무런 전략 없이 주식 비중을 왕창 늘리기도 한다. 이 같은 경우는 바카라에서도 빈번히 나타난다. 오랜 시간을 기다려 이제 플레이어라는 확신을 가지고 있음에도 과감한 베팅에 임하지 못하고, 플레이어나 뱅커가 연달아 대여섯 번이 나온 상황에서 이번이 바로 '인생을 걸만한 승부처다'라며 아무 생각 없이 연달아 같은 방향으로 빅벳을 쳐댄다. 이래선 안 된다. 하지만 아직도 이런 사람들이 주식시장과 카지노에 많이 있다.

남들과 같아서는 승부에서 이길 수 없다. 세상 만물의 법칙이 그런 것

아니겠는가. 역발상이라고 하는 것이 능사는 아니지만 적절히 활용할 수 있는 지혜가 필요하다. 그러기 위해서는 기본적으로 안정적인 투자, 본전을 지키는 플레이를 할 수 있어야 한다.

안정적인 투자를 하기 위해서는 우선 기댈 수 있는 무언가가 있어야 한다. '실적', '모멘텀', '수급' 이 세 가지 요소 중 한 가지 이상의 확실한 근거를 가지고 주식을 매수해야 한다. 예측할 수 없는 펀더멘털, 풍문으로 떠도는 뉴스플로우, 작전 세력 진입이라는 허황된 수급 맹신 등은 멀리해야 한다. 그러면 큰 손실을 보더라도 견뎌낼 수 있다. 이 기다림 가운데서 승부처를 찾는 것이 '평온을 깨트려라'라는 이번 주제의 요지이다. 하락장의 한복판에서도 실적 성장을 믿고 물량을 늘려 가는 것, 상승장이 이어지는 상황에서도 안주하지 않고 다른 종목에 재투자할 수 있도록 미리 준비하는 것 등이 그러한 승부처라고 할 수 있다.

이를 실행하기 위해서는 기백(氣魄)이 있어야 한다. 손실을 보고 있다고 해서 다음 투자나 베팅의 결과를 두려워해서는 안 된다. 질 것 같다는 생각을 하는 순간부터 이미 그 결과는 정해져 있다고 봐도 무방하다. 마음이 나약해져 실패를 두려워하는 순간 승부에서 지게 되고, 결국 후회만 남는다. 반드시 이길 수 있다는 기백을 가지고 베팅에 임해야 승리할 수 있다. 이런 기백은 자신이 믿는 근거의 크기에서 결정된다.

큰 승부에서 이기기 위해서는 기백을 키워야 한다. 종목을 매수하는 순간이나 칩을 어느 한쪽에 베팅하는 순간, 바로 그 때부터 이미 이겼다는 느낌을 받아야 한다. 주가가 얼마나 올랐나 확인하고, 내 카드의 숫자가 몇인지 오픈하는 일은 이미 정해진 것을 확인하는 절차에 불과하다. 기백 있는 승부를 하자. 그러면 우리는 보다 성공에 가까워질 수 있다.

손쉬운 승부를 경계하라

일이 순조롭게 진행된다면 경계심을 가져야 한다. 그렇지 않으면 자만과 안도에 빠지게 되는 우를 범하기 쉽다. 명심하자. 위대한 성공의 과정에는 반드시 큰 역경이 있다는 것을….

미국 메이저리그의 명문 구단인 뉴욕 양키스의 전설의 포수 요기 베라(Yogi Berra)는 '끝날 때까지 끝난 것이 아니다'라는 명언을 남겼다. 카지노 겜블도 카지노 밖으로 나갈 때까지, 주식투자도 매도를 완료할 때까지 긴장을 늦춰서는 안 된다.

특히 이기고 있을 때가 가장 위험한 순간이다. 바카라 게임 중에 8이나 9 Natural Stands를 받고도 이기지 못하는 경우가 허다하다. 텍사스 홀덤(texas hold'em) 게임에서 AA, KK의 하이 원페어 같은 최고의 카드를 가지고 시작하더라도 크게 잃는 상황이 오기 십상이다. 시작이 좋고 일이 잘 풀린다고 해서 자신의 판단을 과신하거나 현실에 안주하지 말자. 당신에게 찾아온 커다란 행운이 그동안 열심히 살아온 당신에게 주는 하늘의 선물이 될지, 아니면 마지막으로 당신을 시험에 들게 하는 무대가 될지는 종이 한 장의 차이로 결정된다.

주식투자를 할 때도 매수 초기부터 주가가 상승해 별탈 없이 목표 수익률에 다다르면 매도 타이밍을 잡기가 난감해진다. 이미 수익을 내고 잘 오르고 있는 주식을 지금 팔긴 아깝고, 더 오를 것 같아서 보유하고 있자니 빨리 오른 만큼 급락하진 않을까 하는 고민에 빠지게 된다. 꼭 누가 나를 보고 있는 것처럼 '이거라도 챙겨야지'하면서 팔면 거기서 더 오르고, '이미 수익을 내고 있는데, 못 먹어도 고(go)지'라며 가지고 있으면 아니나 다를까 시장에 악재가 나오면서 수익을 고스란히 반납하게 된다.

Beginner's luck, 초심자의 행운을 아는가? 초심자의 행운은 카지노, 경마 등 돈이 걸린 게임에서 초보자가 첫 운으로 승리하는 것을 말하는데, 주식도 처음부터 수익이 나게 되면 이 마법에 걸려 수렁에 빠지게 된다. 주가시장이 상승기에 있다고 오판하여 무모하게 대출을 받아 풀 신용으로 투자하고, 종래에는 부모님, 친척, 친구의 돈까지 빌려서 크게 투자하다가 폭삭 망하는 경우가 비일비재하다.

이런 잘못을 범하지 않기 위해서는 일단 자신의 실력이나 재능을 과대 평가하지 말아야 한다. 또한 투자하면서 세웠던 자신의 목표 수익률에 도달했을 때 과감히 매도할 수 있는 결단력은 가져야 한다. 이런 매매가 가능해지려면 내가 주식을 매도해서 어떤 종목에 재투자할 것인지를 미리 계획해 두어야 한다. 이렇게 눈앞의 현실에 안주하지 않고 경계심을 갖는 것이야 말로 미래로 나아가는 길이다.

주식과 사랑에 빠지지 말라. 기억하라. 적절한 종목 교체가 당신에게 더 큰 부를 가져다 줄 것이다.

항상 카드를 카운팅하라

블랙잭 게임에 관심이 있는 사람이라면 '카드 카운팅'에 대해 들어 본 적 있으리라 생각한다. 2008년 국내에 개봉한 〈21〉이라는 영화에서도 잘 소개되어 있다. 카드 카운팅이란 2, 3, 4, 5, 6을 낮은 숫자 카드(Low Cards), 10, J, Q, K, A를 높은 숫자의 카드(High Cards), 7, 8, 9를 나머지 숫자 카드(Middle Cards)로 분류해서 각각을 +1, -1, 0으로 정하고 이전에 나왔던 모든 카드의 합을 계산해 마이너스(-)가 일정 수준을 넘어섰을 때 베팅 금액을 올리는 방법이다.

이는 52장의 카드 한 목의 카드를 카운팅했을 때 그 합이 0이 된다는 것을 명제로 삼은 것인데, 그 합이 일정 수준 이상 마이너스가 되었다는 것은 높은 숫자 카드가 이미 많이 나왔다는 것을 의미한다. 따라서 앞으로 낮은 숫자 카드가 나올 경우의 수가 많아지게 된다. 만약 딜러가 낮은 숫자 카드를 받게 되면 버스트(Bust)할 확률이 높아지기 때문에 이때를 노려 빅벳을 하는 것이다.

나는 바카라 게임을 하면서도 이 카드 카운팅을 활용한다. 1, 2, 3, 4, 5, 6을 작은 숫자로, 7, 8, 9, 10, J, Q, K를 큰 숫자로 정해서 플레이어와 뱅커가 번갈아 각각 두 장씩 받았을 때 어떤 경우의 수가 나올지 미리 예상해보는 것이다. 이 방법의 명제는 내가 승리할 수 있는 확률이 상대 카드가 큰 숫자와 작은 숫자의 조합일 때 높아진다는 데 있다. 따라서 플레이어와 뱅커 중 누가 질 것 같은지를 판단해 적절한 시점에 반대쪽으로 베팅을 확대하는 것이다. 만약 게임 초기에 큰 숫자 카드가 많이 나왔을 경우 시작 카드인 플레이어의 첫 카드로 큰 숫자 카드가 한 장 더 이어질 것인지, 아니면 작은 숫자 카드일 것인지를 가정하고 그 경우의 수를 따지는 것이다. 바카라에서 이러한 카드 카운팅을 활용하기 위해서는 게임을 하는 동안에 어떤 카드가 많이 나왔는지, 어떤 카드가 적게 나왔는지 대략적으로 기억하고 있어야 한다.

많은 바카라 겜블러들이 그림을 보고 베팅한다. 나도 한때는 일정한 규칙이 반복되는 '중국점' 그림을 만나 크게 이겼던 적이 있었다. 임팩트가 너무 컸던 나머지 나중에도 게임을 하면서 그날과 같은 그림을 계속 찾게 되었고, 상당 기간 그 굴레에서 헤어나기 힘들었다. 반복에 대한 의미 없는 맹신에 빠져 큰 베팅을 그르친 적이 많았다. 최근의 카지노는 겜블러의 베팅 욕구를 높이고, 게임 회전률을 상승시켜 수익을 극대화하기 위해 혈안이 되어 있다. 따라서 바카라 테이블의 모니터는 지나가던 여행객의 주머니 속 돈까지 털기 위해서 그럴싸한 출목표를 만들어

낸다는 것을 염두에 둬야 한다.

기술적 분석을 하는 주식 투자자들도 이런 함정에 빠지기 쉽다. 발걸음을 멈추게 했던 바카라 출목표처럼 몇몇의 주식 차트 또한 단타를 노리는 투자자들의 시선을 사로잡는다. 하지만 바카라의 그림이나 주식 차트나 모두 과거의 결과가 만들어낸 지표일 뿐이다. 투자와 베팅은 모두 미래를 예측하는 것이다. 이 승부는 하루아침에 끝나지 않는다. 그림이나 차트를 보고 하루, 이틀은 맞출 수 있으나 종국(終局)의 승자가 되기 위해서는 자신만의 성공 노하우를 확립해야 한다.

성공 비결이야 여러 가지가 있겠지만 결국 부단히 세어야 한다는 것이다. 단순히 그림만 보고 베팅하는 것은 누구나 할 수 있다. 차트만 보는 주식투자도 마찬가지다. 둘 다 쉽다. 그래서 돈을 잃기도 너무 쉽다. 세상은 그리 호락호락하지 않다. 게임을 하면서 계속 카드를 카운팅하는 것은 정신적으로나 육체적으로나 매우 힘든 일이다. 투자를 하면서 기업에 대한 정보를 세밀하게 관찰하는 것 또한 마찬가지다. 성공은 그런 고통스러운 노력을 견뎌냈을 때 비로소 찾아온다는 것을 명심하자.

자신의 뇌를 속여라

어느 유도 국가대표 선수가 올림픽 출전을 앞두고 인터뷰에서 "나의 뇌를 속이자"라는 말을 했다. 이 선수는 자신이 훈련을 하면서 체력의 한계가 왔을 때 '나의 뇌를 속이자'고 되뇌었다고 한다. 자신의 육체를 움직이는 것은 결국 정신에서 나오므로 '나는 할 수 있다'는 최면을 걸어 한계를 뛰어넘을 수 있다는 것이다. 자신의 뇌를 속인다는 것은 굶주림을 참고, 혹한과 폭염을 견뎌내는 것과는 차원이 다른 얘기다.

작동하지 않은 냉동 창고에서 얼어 죽은 선원의 이야기를 아는가? 이 선원의 사례는 생각에 따라 멀쩡한 몸까지도 얼려버릴 수 있다는 것을 여실히 보여준다.

1950년대, 포도주 운반선이 스코틀랜드의 한 항구에 도착했다. 운반선에 실었던 짐을 다 내리고 포르투갈 리스본으로 돌아가기 위해 선원들은 일을 서둘렀다. 이때 한 선원이 재빨리 마지막 점검을 하러 냉동창고에 들어갔는데, 그 사이에 창고 밖에 있던 동료가 실수로 냉동 창고의

문을 닫았고 배는 출발했다. 냉동 창고에 갇힌 선원은 몇 시간 동안 문을 두드리고 고함을 쳐보았지만 아무 소용이 없었다. 빠져나갈 방법을 찾지 못한 선원은 두려움과 절망에 휩싸였다. 점점 추워져 몸이 얼고 있다고 느꼈다. 그는 바닥에 이런 글을 남겼다. '몸은 점점 얼음 덩어리가 되어 가고 손가락에는 감각이 사라지고 있다. 나와 함께했던 많은 사람이 떠오른다. 춥고 무섭다. 여기서 빠져나갈 방법은 없는 것 같다.'

배가 항구에 도착한 후 선장이 냉동 창고를 열었고, 오랜 시간 추위에 떨다 죽어 있는 선원을 발견했다. 죽은 선원을 붙잡고 통곡하다 겨우 정신을 차린 선장은 이상하게 냉동창고 안이 전혀 춥지 않다는 것을 느꼈다. 그래서 온도계를 보니 섭씨 19℃를 가리키고 있는 게 아닌가. 안타깝게도 선원은 전원 스위치가 꺼져, 작동하고 있지 않았던 냉동 창고 안에서 추위에 떨다 죽은 것이다.

위의 사례에서 볼 수 있듯이 정신이 육체를 지배한다. 하락장이 속절없이 이어져 계좌가 반대매매에 처할 수도 있고, 플레이어 줄이 떨어지고 있는 상황에서 이제 한 번쯤 뱅커가 나오겠지 하며 반대로 베팅하다가 결국 가지고 있는 칩을 모두 잃을 수도 있다. 힘들고 어렵겠지만 냉철하게 상황을 파악해 극복할 수 있어야 한다. 얼어 죽은 선원도 냉동 창고에 전원이 들어오지 않았다는 사실을 파악했더라면 냉동 창고에 있는 음식들을 먹으면서 목적지까지 안전하게 도착할 수 있었을 것이다.

어떠한 상황이 찾아온다고 해도 침착함을 유지하고 상황을 의심해 봐야 한다. 하락장이 이어지고 있는 힘든 상황에서도 흔들리지 말고, 칩이 얼마 남지 않았을 때도 절대 포기해서는 안 된다. 냉철하게 현실을 직시해야 한다. 주가가 연일 상승하고 있는 상황에서도, 칩이 산더미 같이 쌓여 있어도 흥분하지 말고 '지금 나의 투자가 너무 완벽한 것은 아닌가?', '지금 나의 게임이 너무 좋은 그림으로 향하고 있는 것이 아닌가?'하는 의문을 자기 자신에게 계속 던져야 한다. 그래야 자신의 뇌를 속이고 한계를 넘어설 수 있다. 이를 발전시켜 앞으로 있을 큰 투자나 빅벳에 적용해보자.

나는 바카라 게임을 하면서 플레이어 줄이 나오는 상황에서도 언젠가 한 번은 그동안 수익을 내고 있던 모든 것을 반대쪽에 베팅하곤 하는데, 누가 봐도 플레이어가 나올 만한 그림이 만들어졌을 때 합리적 의심을 강화시켜 의도적으로 반대 방향의 결정을 내리는 것이다.

하지만 명심해야 할 것은 이런 결정을 자주 반복해서는 안 된다는 것이다. 우리는 가끔 보편적 사건과 특수한 사건을 혼동하는 경우가 있다. 어설프게 자신이 잘났다고 생각하는 사람일수록 이런 행동을 보일 확률이 높다. 자신이 남들과 다르다고 믿는 사람일수록 무리한 베팅, 무모한 투자를 하게 되는 경우가 많다. 이러한 판단이 잘못되었다는 것이 아니라 빈번하게 그런 결정을 한다는 데에 문제가 있다. 아무리 특별한 사람이라도 매번 남들과 다른 베팅을 해서는 성공률이 떨어지기 마련이다. 큰 승부처는 자주 오지 않는다. 그 순간에 자신의 뇌를 속일 수 있어야 한다. 자신의 뇌를 속이는 작업은 큰 승부처에서 필요한 전략이다. 가끔은 남들이 안 보는 종목을 무리하게 매집할 수 있어야 하고, 또 가끔은 내가 앉은 바카라 테이블에 그림이 계속 반복되어 많은 겜블러들이 내 테이블로 몰려들었을 때 그들과 반대로 베팅을 할 수 있어야 한다.

이 승부에 성공했을 때 비로소 남들과 다른 위치에 설 수 있는 것이다. 이러한 승부에 이기게 되면 사기충천(士氣衝天), 자신감 상승으로 이어져 긍정적인 에너지를 가질 수 있게 된다. 적절한 타이밍에 자신의 뇌를 속이는 방법으로 분위기를 반전하면 본격적인 상승 추세로 이어갈 수 있다.

NHN한국사이버결제(060250,KQ):
2009년의 다날을 기억하는가? 그 당시 그 분위기

2011년 11월 7일 한국사이버결제에 대한 첫 리포트를 발간했다. 보고서를 발간했을 때의 동사 주가는 5,700원이었고, 시가총액은 648억 원이었다. 당시 동사 주가는 5,000원 부근의 박스권에서 5년째 갇혀 있었기 때문에 투자자들의 관심을 전혀 받지 못하고 있었다. 내가 동사에 탐방을 요청하게 된 것은 비슷한 시기에 세계 최대의 소셜커머스 업체인 그루폰이 뉴욕증시에 상장되었기 때문이었다. 공모가 산정을 감안한 기업 가치가 127억 달러에 달해 투자자들의 관심이 집중되었다. 국내에서도 티켓몬스터 등의 소셜커머스 시장이 급성장하고 있었다. 나는 이런 소셜커머스 시장 확대의 수혜주를 찾기 위해 고심했고, 전자결제 업체에 주목하게 되었다.

동사를 비롯해 이니시스, 한국정보통신, 나이스정보통신, 모빌리언스, 다날 등 다양한 전자결제 업체가 상장되었다. 동사는 이 중에서 유일하게 온라인과 오프라인 결제가 모두 가능해 경쟁력이 높아 보였다. 또한 당시 삼성페이, 네이버페이 등이 인큐베이팅되고 있던 단계라 대기업에 M&A 되는 시나리오도 가능한 것으로 판단해 보고서에 수록했다. 실제로 2014년 9월 동사가 NHN엔터테인먼트에 피인수되면서 현 '페이코' 사업의 근간을 이뤘다.

NHN한국사이버결제 주가 추이

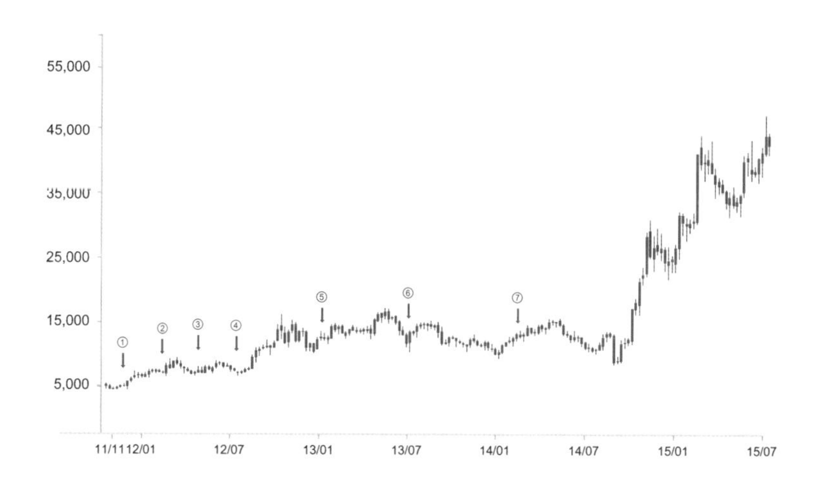

리포트 발간 일지

No.	날짜	리포트 제목	목표주가(원)	투자의견
①	2011.11.07	소셜커머스 시장 확대의 최대 수혜주	8,600	BUY(신규)
②	2012.01.16	Virtualization(가상화) 시대의 안정적인 투자처	9,500	BUY(유지)
③	2012.03.08	2009년의 다날을 기억하는가? 그 당시 그 분위기	11,500	BUY(유지)
④	2012.06.04	모바일 결제 시대에 중추적인 역할 담당할 전망	11,500	Strong Buy (상향)
⑤	2012.12.24	모바일 결제 도입으로 카드수수료 낮출 수 있어	15,500	Strong Buy (유지)
⑥	2013.05.20	B2B 시장 진출로 성장성 JUMP UP	20,000	Strong Buy (유지)
⑦	2014.01.06	베트남 결제시장 진출 가시적 성과 기대	20,000	Strong Buy (유지)

국내 유일의 온라인, 오프라인 통합 결제 서비스 업체

동사는 전자결제 서비스 전문업체로 1998년 5월 BC, 국민, 삼성 등 5개 신용카드사의 출자로 설립되었다. 설립 초기 BC, 국민 등 동사에 출자한 카드사들의 부가통신망 서비스인 VAN(Value Added Network) 업무를 담당하며 안정적인 성장을 이어오다가, 2006년 1월 코스닥 상장사였던 ㈜시스네트를 흡수 합병하면서 우회상장에 성공했다. 이후 온라인 전자결제대행(PG, Payment Gateway) 사업에 진출하면서 국내에서는 유일하게 온 · 오프라인 통합 결제 서비스를 제공할 수 있는 업체가 되었다. 전자상거래 시장의 성장이 가속화되는 상황에서 온 · 오프라인 통합 결제 서비스가 가능하다는 점은 상당한 경쟁 우위 요소로 파악되었고, 소셜커머스, NFC 등 신규 결제 시장이 등장하면서 수혜가 가능할 것으로 판단되어 커버리지를 시작하게 되었다.

경쟁사별 업무 영역 비교

분 야		한국사이버결제	이니시스	한국정보통신	나이스정보통신	모빌리언스	다날
결 제 인프라별	PG	●	●			●	●
	온라인 VAN	●					
	오프라인 VAN	●		●	●		
결 제 수단별	신용카드결제	●	●	●	●		
	휴대폰 결제	●				●	●
	기타(유선전화, 상품권등)	●	●			●	●

국내 전자상거래 시장의 급성장 전망

1999년부터 활성화되기 시작한 국내의 전자상거래 시장은 신용카드의 보급 확대와 함께 고성장을 기록했다. 향후 모바일 상거래 도입의 확대로 전자상거래 시장의 성장은 더욱 가속화될 것으로 전망되었다. 전자상거래 시장은 결제 수단에 따라 신용카드, 계좌이체, 가상계좌, 휴대

국내 전자상거래 시장과 신용카드 결제 시장의 규모(단위 : 조 원, %)

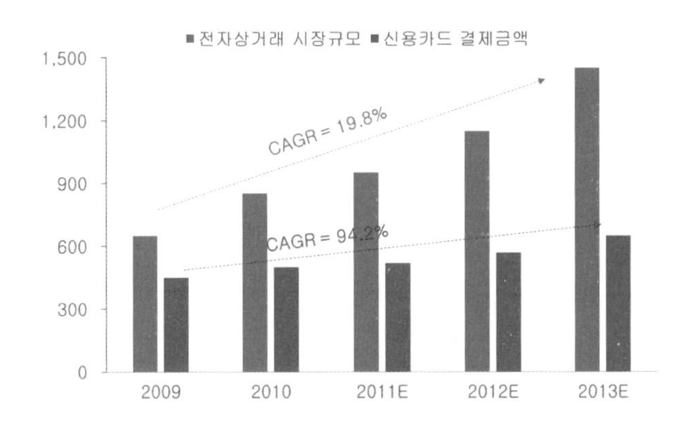

온라인 쇼핑몰 내(內) 신용카드 결제 규모(단위 : 조 원, %)

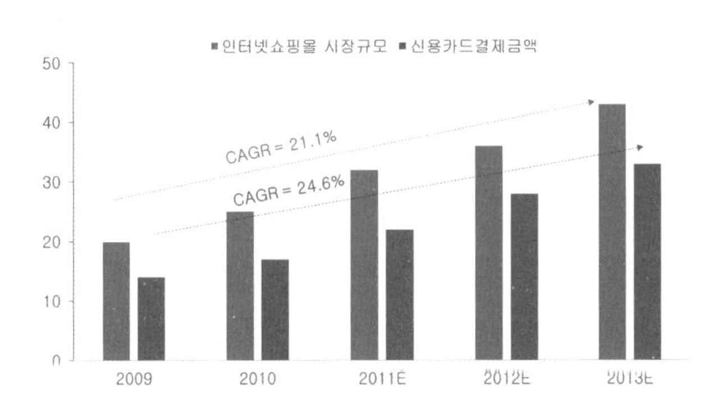

폰 등으로 구분하는데, 동사의 PG와 VAN 서비스는 신용카드 결제와 밀접한 관계가 있다. 신용카드 결제금액의 확대와 신규 거래처 확보를 통한 PG시장의 점유율 증가 등을 감안했을 때 큰 폭의 실적 개선이 기대되는 상황이었다.

대기업과 전략적 M&A 가능성

2012년 3월 발간한 보고서에는 '전략적 M&A 가능성'과 관련된 내용을 포함하고 있다. 당시는 이동통신사, 포털사 등 대형사들이 사업 다각화에 투자를 확대하던 시기였다. 풍부한 가입자 기반을 확보하고 있는 플랫폼 업체에서 동사의 결제사업을 인수한다면 확실한 시너지가 있을 것으로 전망했다. 이미 동사는 이통사, 포털사 등과 업무 제휴가 활발히 진행되는 중이었고, 대주주 지분까지 적어 매력적인 투자처가 될 것으로 판단했다. 이후 동사는 실제로 2014년 9월 NHN엔터테인먼트에 피인수되었다.

재무제표 요약 및 수정주가 추이

연도	매출액(억원)	영업이익(억원)	영업이익률(%)	당기순이익(억원)	당기순이익률(%)	ROE(%)
2006	401	-18	-4.4	-174	-43.4	-269.6
2007	407	7	1.8	9	2.3	16.0
2008	511	8	1.6	15	3.0	19.6
2009	621	15	2.5	20	3.3	21.4
2010	832	38	4.5	50	6.0	37.2
2011	1,136	63	5.5	77	6.7	37.6
2012	1,328	57	4.3	46	3.5	16.8
2013	1,371	84	6.1	71	5.2	20.8
2014	1,540	88	5.7	84	5.5	13.8
2015	1,955	109	5.6	93	4.8	10.6

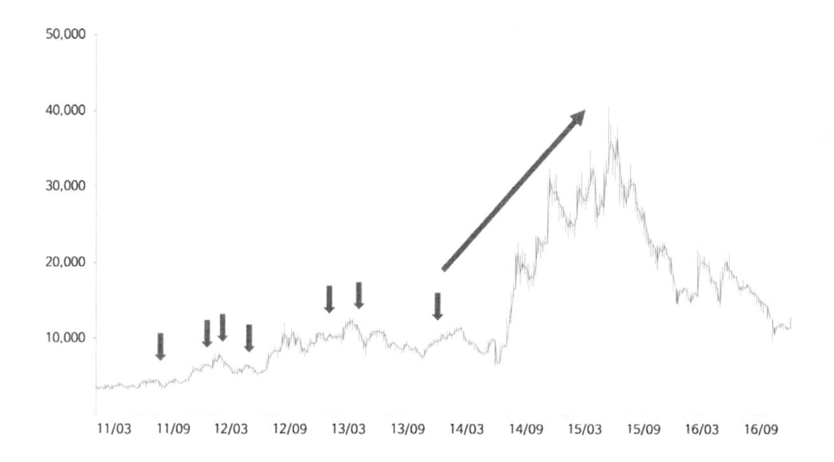

NHN엔터테인먼트에 피인수되고 성장 기대감으로 상승 랠리를 이어감. 커버리지 초기 5,000원 부근의 주가는 3년여 만에 4만 원을 돌파했다.

아프리카TV(067160,KQ) :
'금상첨화(錦上添花), 유튜브에 컴투스를 더하다'

2012년 3월 19일 나우콤에 대한 첫 리포트를 발간했다. 당시 국내에서는 '나는 꼼수다' 열풍과 함께 팟캐스트(Podcast)와 같은 소셜미디어에 대한 관심이 고조되고 있었다. 나우콤은 국내 토종 소셜미디어인 아프리카TV를 서비스하고 있는 업체로 스마트폰 보급의 활성화와 함께 동반 성장이 가능할 것으로 판단되었다. 보고서를 발간했을 때 동사의 주가는 11,850원이었고, 시가총액은 998억 원이었다.

나우콤은 2011년 12월 주식양수도계약을 통해 대표이사가 교체되었다. 전문경영인 출신인 서수길 대표는 SK C&C 기획본부장을 거쳐 게임업체인 액토즈소프트와 위메이드의 대표이사를 역임했던 인물로 업계에서는 글로벌 마케팅 능력이 출중한 인물로 정평이 나 있었다. 당시 액토즈소프트와 위메이드의 시가총액이 각각 4,000억 원, 1조 원을 바라보고 있어 나우콤에 대한 기대감도 컸다. 나우콤은 2013년 3월 '아프리카TV'로 사명을 변경했다. 사명 변경을 통해 투자자에게 직관적인 서비스 전달이 가능해졌다. 동사의 주가는 2014년에 들어서며 본격적인 상승 추세에 진입했다. 유튜브와의 제휴가 주가 상승의 트리거로 작용한 것이다. BJ들이 부가 수익을 얻을 수 있게 되면서 콘텐츠가 풍성해졌고, 더 많은 고객이 참여하면서 실적 개선이 진행되었다.

아프리카TV 주가 추이

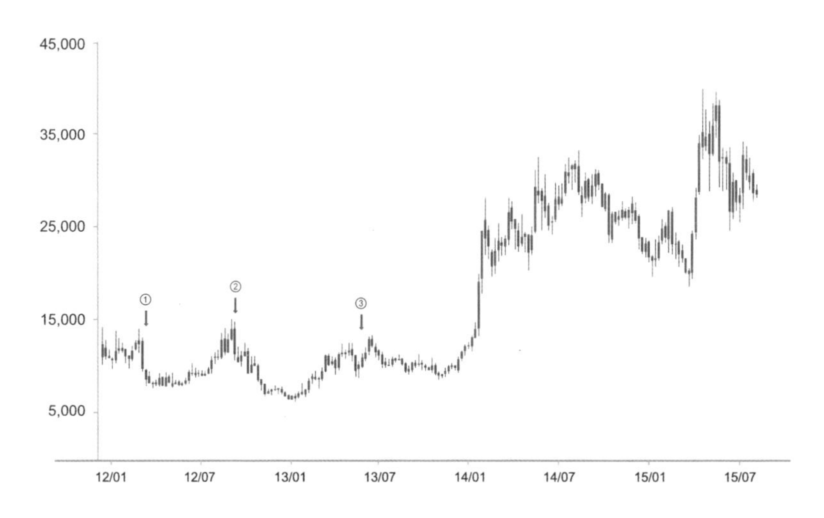

리포트 발간 일지

No.	날짜	리포트 제목	목표주가(원)	투자의견
①	2012.03.19	국내 토종 소셜미디어 아프리카에 대한 관심 고조 중	18,000	Buy(신규)
②	2012.09.30	나우콤의 기업가치, 유튜브에 컴투스를 더하다	18,000	BUY(유지)
③	2013.06.10	아프리카TV이용시간, 곧 Youtube를 추월할 전망	18,000	BUY(유지)

우리나라 토종 소셜미디어 업체

동사는 1994년 PC통신 서비스 '나우누리'로 시작한 업체로, 2003년 12월 코스닥에 상장했다. 동사는 통신 트렌드가 PC, 인터넷, 모바일로 변화하는 환경에서 그에 맞춘 새로운 플랫폼을 개발, 확장하며 성장해 왔다. 동사는 국내 토종 소셜미디어, 아프리카TV를 서비스하며 스마트폰 보급의 활성화와 함께 성장이 가속화되고 있었다. 온라인 생중계와 SNS를 결합한 아프리카TV는 무제한 요금제 가입자 증가, LTE 서비스 출시 등 긍정적인 사업 환경 변화로 인해 모바일 환경에서 급성장이 기대되었다.

모바일 서비스 확대로 아프리카TV 가입자 급성장 전망

동사의 게임 사업보다는 아프리카TV 사업의 성장성을 높게 전망했다. 그 이유는 2011년까지 오직 온라인 부문에서만 인터넷 방송 매출이 발생했던 반면, 2012년부터 모바일 부문에서도 매출이 가시화되고 있었기 때문이었다. 동사는 2011년 12월부터 모바일 서비스에도 '별풍선' 아이템 거래가 가능하도록 플랫폼을 조정했고, 모바일 광고를 시작하면서 사업이 본궤도에 오를 것으로 예상했다. 또한 스마트폰 고사양화, 데이터 전송 속도 향상, 데이터 요금 부담 감소, 편리한 애플리케이션의 보급 등 긍정적인 시장 환경 변화로 실적 개선이 확실시되었다.

아프리카TV 온라인 최고 동시 접속자 수 추이(단위 : 천 명)

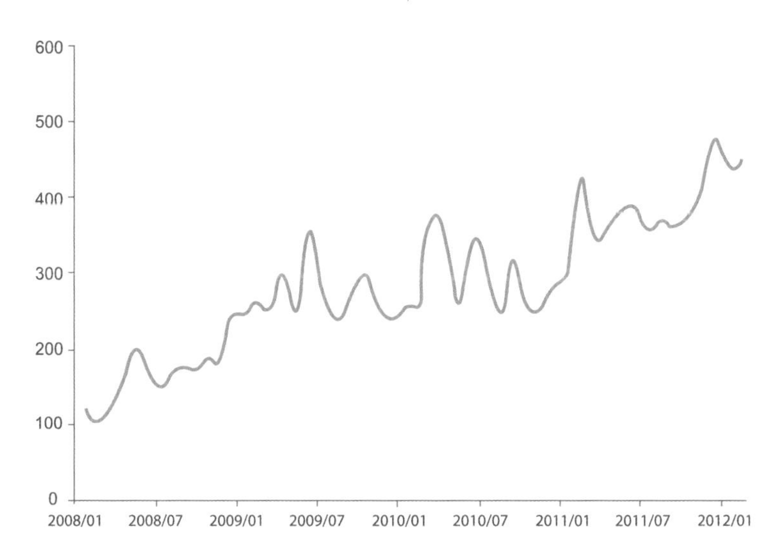

아프리카TV 모바일 UV(Unique Visit)(단위 : 천 명)

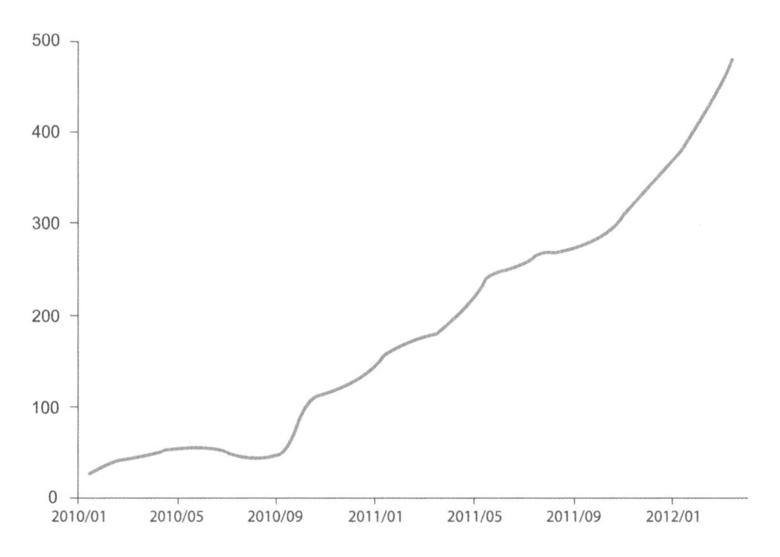

유튜브를 위협할 만큼 성장한 아프리카TV

미디어 리서치 업체 닐슨에서는 스마트폰이 대중화되기 전후인 2009년 8월과 2012년 8월의 동영상 이용 행태를 비교했다. 해당 자료를 통해 지난 3년 동안 PC와 스마트폰의 전체 동영상 이용자 수가 90.1% 증가했다는 것을 알 수 있었다. 또한, 같은 기간 PC와 TV 이용 시간은 하루 10분 감소한 것에 반해, 모바일 디바이스의 이용 시간은 214분이나 증가했다. 이런 결과는 모바일 환경에서 영상 콘텐츠의 소비가 확대되었다는 것을 의미했고, 앱 이용 시간의 점유율을 분석한 결과 당시 아프리카TV는 유튜브에 이어 2위를 차지하고 있었다. 불과 1% 포인트 미만의 격차로 선두를 바짝 추격하고 있어 실적 개선에 대한 기대감이 고조되었다.

2012년 어플리케이션별 국내 모바일 환경에서의 영상 콘텐츠 소비 시간 점유율(단위 : %)

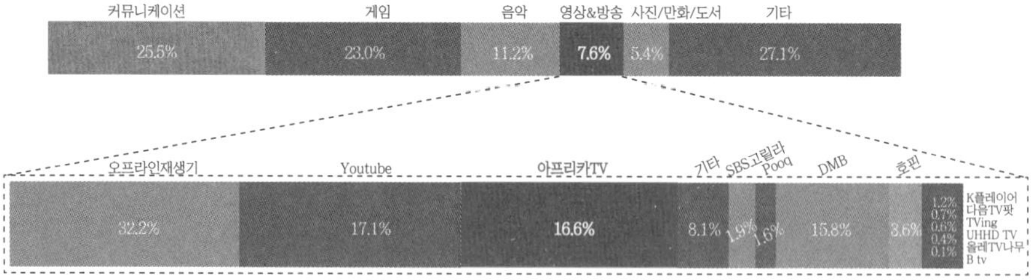

커뮤니케이션 25.5%
게임 23.0%
음악 11.2%
영상&방송 7.6%
사진/만화/도서 5.4%
기타 27.1%

오프라인재생기 32.2%
Youtube 17.1%
아프리카TV 16.6%
기타 8.1%
SBS고릴라 1.9%
Pooq 1.6%
DMB 15.8%
호핀 3.6%
K플레이어 1.2%
다음TV팟 0.7%
TVing 0.6%
UHHD TV 0.4%
올레TV나무 0.1%
B tv

재무제표 요약 및 수정 주가 추이

연 도	매출액(억원)	영업이익 (억원)	영업이익률(%)	당기순이익 (억원)	당기순이익률 (%)	ROE(%)
2006	171	30	17.6	23	13.3	15.9
2007	218	39	17.8	25	11.3	8.4
2008	608	88	14.4	43	7.1	10.1
2009	704	105	15.0	63	8.9	14.7
2010	786	119	15.1	71	9.0	14.3
2011	479	36	7.5	6	1.3	1.4
2012	463	11	2.3	19	4.1	6.4
2013	367	43	11.8	2	0.5	0.5
2014	505	56	11.0	28	5.5	6.9
2015	629	76	12.1	41	6.6	9.1

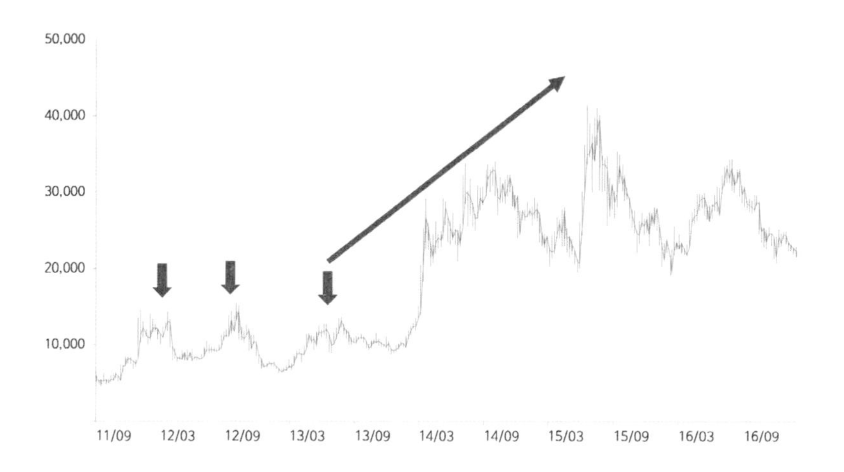

2014년도 유튜브와 콘텐츠 유통에 관한 MOU를 체결했다는 소식에 주가가 연일 급등세를 기록했다.

다원시스(068240, KQ):
'진흙 속의 보석은 썩지 않고 빛을 발할 날을 묵묵히 기다린다'

2012년 6월 25일 다원시스에 대한 첫 리포트를 발간했다. 동사에 관심을 갖게 된 계기가 사실 황당하다. 어느 날 회사로 우편물이 한 통 배달되었다. 다원시스의 회사 소개 리플릿이었는데, 당시만 하더라도 리서치센터로 이런 우편물을 보내는 업체가 많아 한쪽에 쌓아 두곤 했었다. 그런데 우연히 핵융합발전과 연관성이 있다는 문구가 눈에 띄면서 운명처럼 다가왔다.

탐방을 다녀와서도 도통 사업 내용이 머리에 와 닿지가 않았다. 핵융합발전에 대한 지식을 얻고자 십여 권 정도의 서적을 구매해 공부했다. 우리나라가 핵융합 기술 분야의 강국이며, 동사가 이에 필요한 핵심 설비를 공급하고 있다는 사실에 '되겠다' 싶었다. 동사는 핵융합발전의 필수 설비인 전원장치를 독점 공급하고 있었다. 해당 설비는 핵융합발전 외에도 가속기, 플라즈마 등 다양한 응용 분야로 진출이 가능해 고성장을 기대해볼 수 있었다.

보고서 발간 당시 동사의 주가는 5,750원, 시가총액은 576억 원에 불과했다. 업계에서 최초로 동사에 대한 보고서를 발간한 이후 관심이 높아지면서 타 증권사에서도 커버하기 시작했다. 동사의 주가는 계속 상승 추세를 보이며 2015년 7월 5만 원을 돌파했다.

다원시스 주가 추이

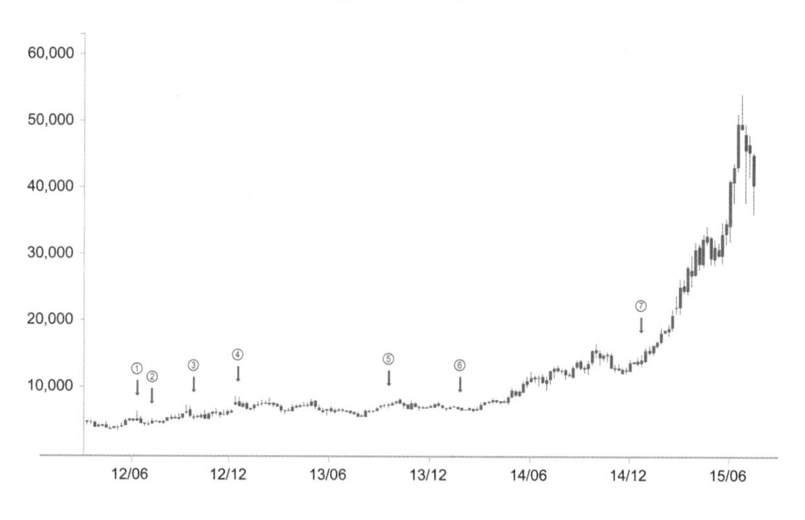

리포트 발간 일지

No.	날짜	리포트 제목	목표주가(원)	투자의견
①	2012.06.25	전력난 해결, 꿈의 에너지원인 핵융합발전에 답이있다.	8,000	Buy(신규)
②	2012.07.10	'핵융합'발견에 이어 '힉스입자'발견도 다원시스 있어야 가능	8,000	BUY(유지)
③	2012.10.08	기초과학은 미래를 위한 가치투자, 다원시스에 답 있다	9,200	BUY(유지)
④	2013.01.10	다원시스를 만나면 꿈이 현실이 된다	10,400	BUY(유지)
⑤	2013.09.30	진흙 속의 보석은 썩지 않고 빛을 발할 날을 묵묵히 기다린다	12,000	BUY(유지)
⑥	2014.01.06	응용분야 진출로 고속성장 기대	12,000	BUY(유지)
⑦	2015.01.05	CAPA 증설 효과 본격화	-	-

산업용 특수전원장치 분야의 선두주자

동사는 1996년 설립된 전력전자기술 전문 기업으로 2010년 9월 코스닥에 상장되었다. 전력전자 산업은 전력용 반도체 제어를 통해 일반 상용전원을 각종 기기나 설비 또는 특정 계통에서 요구되는 형태(전압, 전류, 주파수, 파형 등)로 변환해 공급하는 분야다. 동사는 이 중에서도 핵융합발전, 가속기, 플라즈마 형성 등 특수 상황에 필요한 전원장치를 생산할 만큼 기술력을 인정받고 있었다. 동사가 생산하는 특수전원 장치는 향후 반도체, 디스플레이, 철강, 환경 등 다양한 분야에 상용화할 가능성이 높다고 판단해 커버리지를 개시하게 되었다.

꿈의 에너지원, 핵융합발전에 대한 관심 고조

동사의 전자전력 기술은 핵융합발전의 필수 요소로서 중추적인 역할을 담당한다. 핵융합발전에 사용되는 특수 전원장치의 매출 비중이 확대되고 있었다. 2012년에는 44%에 달할 것으로 전망됐다. 할리우드의 SF영화인 〈아이언맨〉의 에너지원이기도 한 핵융합발전은 여름철 전력난에 대비할 수 있는 미래의 대체 에너지로 관심이 고조되고 있었다. 또한 당시 일본 후쿠시마 원전 사고의 영향으로 원자력 발전소의 신규 건설에 대한 환경단체의 압력이 거세지고 있었기 때문에 대체 에너지에 대한 관심이 그 어느 때보다 뜨거웠다.

글로벌 핵융합발전 투자 확대의 최대 수혜주

우리나라는 2008년부터 대전에 KSTAR(Korea Superconducting Tokamak Advanced Research)라는 한국형 핵융합 실험로를 시운전 중이다. KSTAR는 세계 선두권의 핵융합 발전 시설로 프랑스 남부 카다라쉬에 2019년까지 완공 예정인 국제 핵융합발전 실험로 ITER(International Thermonuclear Experimental Reactor)의 축소판으로 볼 수 있다. ITER는 우리나라를 포함한 EU, 미국, 중국, 러시아, 일본, 인도 등 7개국이 함께 연구 중인 핵융합발전 기구다. ITER는 KSTAR를 모델 삼아 동일한 토카막 방식을 적용하고 있어 국내 관련 업체들의 참여가 확대되고 있었다. 특히 동사는 KSTAR와 ITER의 전력장치를 독점 공급하고 있는 업체로 급성장이 기대됐다.

전원장치 부문의 시장 지배력을 바탕으로 다양한 사업에 진출

동사의 사업은 최첨단 기술력을 기반으로 하고 있어 경쟁자들의 시장 진입이 쉽지 않으며, 독점적인 시장 점유율을 확보하고 있어 수익성 개선이 예상되었다. 또한 동사는 이러한 사업 지배력을 바탕으로 도시철도 전동차 전장품과 방사광 가속기, 화학플랜트 공정에 필요한 정류기 사업 등 신규 사업 진출을 계획하고 있었는데, 실제 지하철용 전원장치를 비롯한 다양한 응용시장 진출에 성공하면서 동사의 주가는 우상향의 흐름을 이어갔다.

핵융합발전과 원자력발전 비교

구 분	핵융합발전	원자력발전
개 념	핵융합에너지 이용	핵분열 에너지 이용
연 료	중수소, 삼중수소 등	우라늄, 플루토늄 등
연료 가격	중수소 : 리터당 약 10만원(연간 5천만원)	킬로당 900달러, 연간 540억원
에너지 방출량	원자력발전의 7배	농축우라늄 1kg은 석유 50톤 석탄 100톤
안전성	— 100%안전 — 연료가 가스상태로 공급되기 때문에 노심에는 3~5초간 장치를 가동시킬 수 있는 연료만 들어있음 — 원전사고와 같은 대규모 에너지 유출이 불가능하며 자발적으로 꺼지도록 설계	— 99.9%이상 안전 — 일반적 고장에는 매우 안전하지만 냉각계통의 고장 등 통제불능 때 심각해질 가능성 잠재
폐기율	— 고준위 방사성 폐기물 원천적으로 없음 — 핵융합 중성자 발생으로 처리가 용이 (방사능량 : 원자력발전의 0.04%)	— 고준위방사성 폐기물 — 주요 구조물은 영구적으로 폐기해야 함 (연간100kW 발전소당 25톤 생성)
건설비 (100kW)	약 40억달러(상용화시 비용절감 가능)	약 20억달러(한국형 경수로 기준)
폐 로	— 일반설비 해체 비용과 비슷 — 수명 : 평균 40년 추정	— 건설비의 약 1.5~2배 소요 — 수명 : 평균 30년

ITER 공동개발 사업 내용

ITER 사업목표

열출력50MW, 에너지 증폭율(Q)이 10이상인 국제핵융합실험로(ITER)의 국제공동건설운영을 통해 핵융합에너지의 실용화를 위한 최종 공학적 실증

참여국

한국, EU, 일본, 미국, 러시아, 중국, 인도(7개국)

ITER 사업 단계별 사업비

총 사업비용: 131.8억 유로

건설단계	4,584.7kIIA	2007 ~ 2019(12년)
운영단계	매년 188kIUA	2019 ~ 2037(18년)
감쇄단계	281MEuro	2037 ~ 2042(5년)
해체단계	530MEuro	2042년 이후
합 계	13,178MEuro(추정치)	-

총 사업기간

2007년 10월 ~2019년 11월

재무제표 요약 및 수정 주가 추이

연도	매출액(억원)	영업이익 (억원)	영업이익률(%)	당기순이익 (억원)	당기순이익률 (%)	ROE(%)
2006	114	15	13.0	10	8.9	17.1
2007	140	7	5.2	5	3.6	6.2
2008	166	9	5.2	7	4.1	7.9
2009	284	39	13.8	33	11.7	30.8
2010	304	50	16.4	54	17.8	23.3
2011	396	49	12.4	37	9.2	10.0
2012	476	71	15.0	53	11.1	12.9
2013	514	72	14.0	56	11.0	11.8
2014	530	70	13.2	60	11.3	10.3
2015	670	79	11.8	82	12.3	8.4

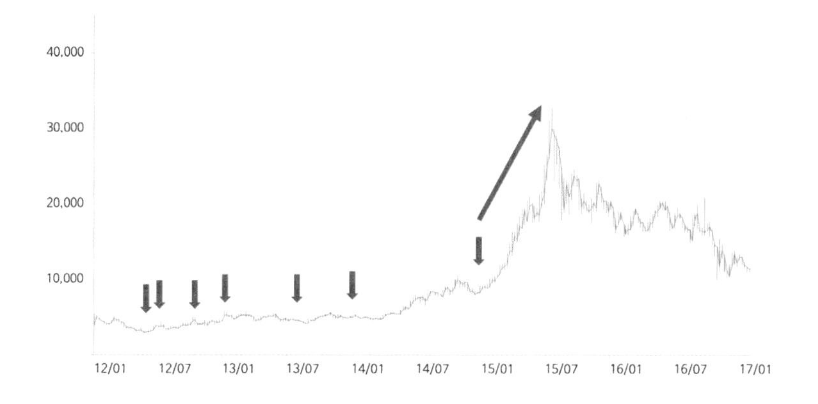

가끔 기회는 이처럼 우연히 찾아올 때가 있다. 2012년 우편물로 배송된 회사 소개 자료가 눈에 들어오면서 인연이 시작되었다. 2016년 무상증자를 하기 전의 동사 주가는 5만 원을 상회했다. 커버리지 후에 주가가 10배가량 상승했다.

서울옥션(063170, KQ) : '무궁무진(無窮無盡)한 성장 잠재력'

2014년 9월 30일 서울옥션에 대한 첫 리포트를 발간했다. 같은 해 5월 결혼을 했던 나는 신혼집에 걸어둘 만한 인테리어 소품이 필요했다. 포털 사이트를 검색하던 도중 미술품 경매업체 서울옥션에 대한 정보가 내 눈길을 끌었다. 당시 동사의 주가를 확인해본 결과 지난 5년 동안 4,000원 부근의 박스권에서 움직이고 있었다. '혹시 반등할 수 있는 모멘텀이 있지 않을까' 하는 생각이 들어 탐방을 요청했다.

내가 동사에 탐방을 갔던 날, 때마침 소규모 기획경매가 있었다. TV 드라마에서나 보던 미술품 경매에 생전 처음 참여하게 되면서 이상한 떨림 같은 것이 느껴졌다. 그날 나는 150만 원부터 시작하는 김영주 작가의 추상화 그림 경매에 직접 참여했었는데, 300만 원이 넘는 가격에 낙찰되면서 다른 컬렉터의 차지가 되었다. 경매에 매력을 느끼면서 본격적으로 동사에 대한 분석을 시작하게 됐다. 저평가된 국내 작가들이 세계 시장에서 주목받는 시기가 오면 반드시 재평가받을 수 있다고 확신했다.

동사의 주가는 2014년 4분기부터 본격 상승하기 시작했는데, 커버리지 개시 기준일에 3,765원이었던 주가가 2016년 1월에는 2만 6,500원까지 올랐다. 총 8차례 보고서를 발간하는 동안 무려 600% 이상 오른 것이다.

서울옥션 주가 추이

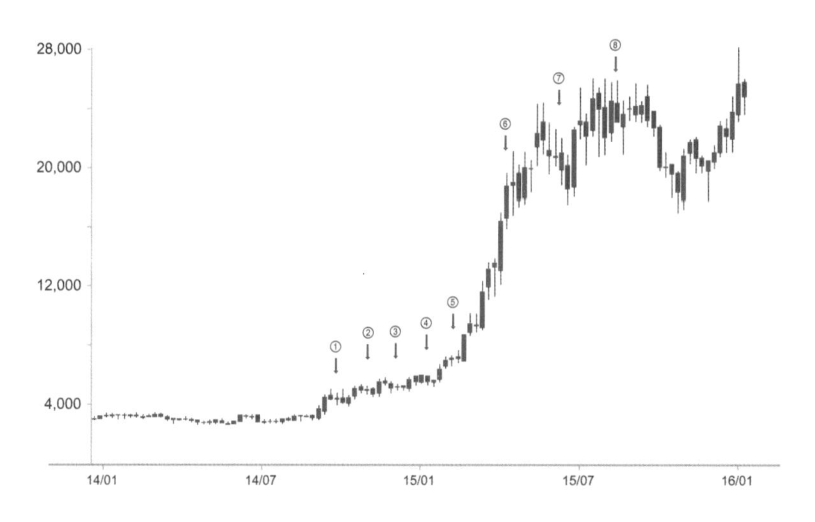

리포트 발간 일지

No.	날짜	리포트 제목	목표주가(원)	투자의견
①	2014.09.30	홈 인테리어의 완성, 미술시장 반등으로 수혜예상	N/A	-
②	2014.10.31	신규 중국인 컬렉터 미술시장에 대거 진입, 수혜 전망	7,000	BUY (신규)
③	2014.12.01	차명거래금지법 시행, 미술품 시장으로 자금이동 활발	7,000	BUY (유지)
④	2015.01.05	미술경매 시장 Turn Up	7,000	BUY (유지)
⑤	2015.02.16	2015년도 펀더멘털, 수급, 모멘텀 삼박자를 모두 갖춘 한 해	9,500	BUY (유지)
⑥	2015.04.06	前人未踏의 길을 가다	15,000	BUY (유지)
⑦	2015.06.08	한국 미술시장, Market을 Making하다	30,000	BUY (유지)
⑧	2015.08.10	무궁무진(無窮無盡) 한 성장 잠재력	30,000	BUY (유지)

국내 최대의 미술품 경매 업체

동사는 1998년 설립된 국내 최대의 미술품 경매 업체로, 시장점유율과 경매기록 면에서 우리나라 경매시장을 선도하고 있다고 해도 과언이 아니다. 국내의 미술 경매시장은 2013년 720억 원 규모를 기록했다. 경기가 점차 회복되고 있었고, 미술품에 대한 대중의 관심도 높아지면서 2014년에는 800억 원 규모까지 확대될 것으로 전망했다. 당시 국내 미술품 경매업체는 동사를 비롯해 케이옥션, 마이아트옥션 등이 있었으며, 시장점유율은 동사가 53%, 케이옥션 28%, 마이아트옥션 등 기타가 19%를 차지하고 있었다.

국내 미술품 경매시장의 활성화 조짐

국내 미술품 경매시장은 2010년을 정점으로 2013년까지 하락세를 보이고 있었다. 스타작가의 부재, 탈세 목적으로 미술품을 구입한다는 부정적인 사회 인식 등에 원인이 있었다. 하지만 2014년에 들어서며 국내의 근현대 작가들이 글로벌 시장에서 재조명받았다. 특히 김환기, 이우환, 정상화 등의 작품이 홍콩 메이저 경매에 고가에 낙찰되면서 분위기를 바꿨다. 정부도 국내 미술시장을 2018년까지 6,300억 원 규모로 확대하겠다는 '미술진흥 중장기 계획'을 발표하며 긍정적인 시장 환경을 조성했다. 여기에 저금리 기조가 이어지며 대체투자 수단으로 미술품에 대한 관심이 고조되었다. 이에 따라 2014년 국내 미술품 경매시장은 활황을 보이며 상반기에만 14%가량 성장했다. 국내 미술시장의 확대로 동사에 수혜가 예상되었고, 재평가가 가능하다고 판단해 커버리지를 개시했다.

전 세계가 재조명 중인 한국의 단색화

2013년 국내 단색화 거래 규모는 60억 원 수준에 불과했다. 하지만 2014년 상반기 홍콩 크리스티 경매에 처음 등장한 한국 단색화 작품이 치열한 경합 끝에 낙찰되면서, 해외 유명 미술관과 화랑 관계자들도 한국의 단색화와 그 작가를 주목하기 시작했다. 국내에서 1970년대 큰 흐름을 이뤘던 단색화는 40여 년 만에 한국 현대미술을 대표하는 미술 브랜드로 재조명받게 되었다. 이에 따라 2014년 단색화 거래 규모는 전년 대비 2배가량 성장해 100억 원을 상회할 것으로 전망되었다. 특히 정상화, 윤형근, 박서보, 하종현 등 단색화 작가들의 작품이 해외 컬렉터들 사이에서 재평가되면서 경매마다 최고가 레코드를 다시 써 내려갔다.

2014년 급등한 한국 단색화 작품 가격

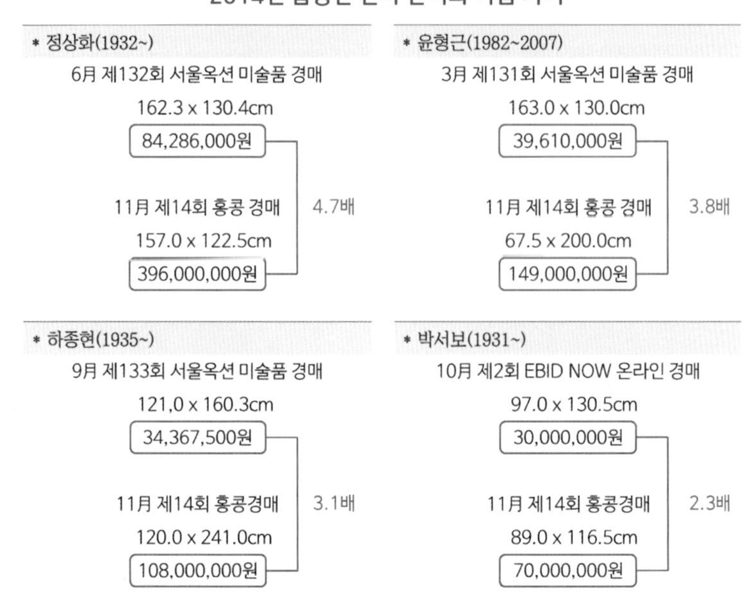

국내 미술시장 규모 추이(단위 : 억 원)

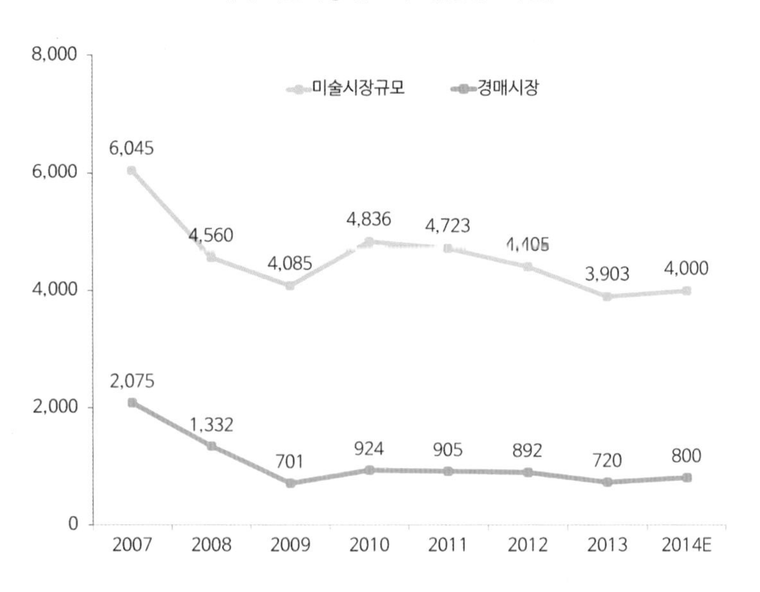

홈 인테리어 욕구의 확산

동사는 미술품 대중화를 위해 저가 미술품 위주의 온라인 경매와 유명작가의 작품을 판화 형식으로 제작한 프린트 베이커리 사업을 진행하고 있다. 온라인 경매와 프린트 베이커리 사업은 젊은 층의 홈 인테리어 욕구가 확산되면서 추가 성장 모멘텀이 될 것으로 판단했다. 특히 온라인 경매는 세계 양대 미술품 경매 업체인 소더비와 크리스티가 미래 성장성을 찾고 있는 분야였다. 동사의 온라인 경매 사업부는 이후 서울옥션블루 자회사로 분할되어 현재 상장을 준비하고 있다.

재무제표 요약 및 수정 주가 추이

연 도	매출액(억원)	영업이익(억원)	영업이익률(%)	당기순이익(억원)	당기순이익률(%)	ROE(%)
2006	127	19	14.9	12	9.4	11.1
2007	392	144	36.7	100	25.6	54.3
2008	182	22	12.1	15	8.1	3.5
2009	141	-4	-3.1	-15	-10.5	-2.5
2010	180	-2	-1.2	-5	-3.0	-1.0
2011	151	-34	-22.6	-51	-34.1	-9.7
2012	194	21	10.7	21	10.9	4.1
2013	149	30	20.5	21	14.4	4.1
2014	238	51	21.5	36	15.1	6.6
2015	548	151	27.6	129	23.6	21.0

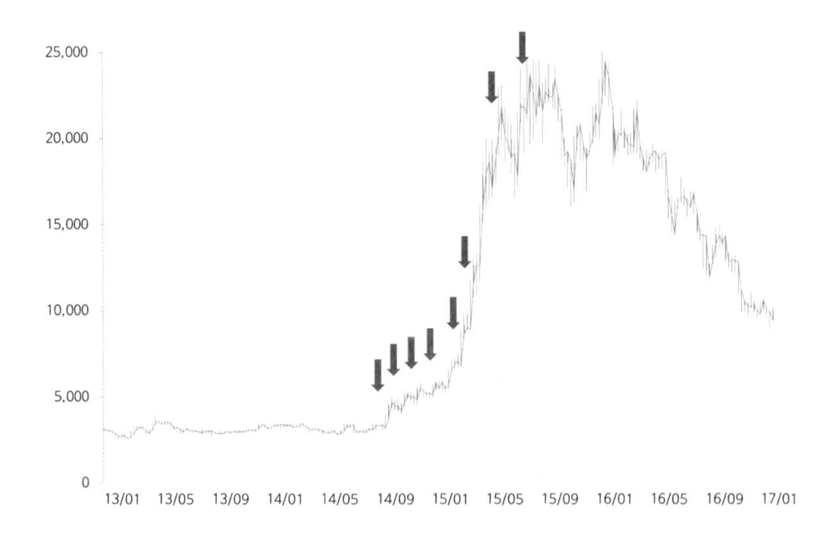

관심을 갖게 되니 새로운 시장이 보였다. 미술시장을 공부하며 생각의 폭도 넓힐 수 있었다. 평생해야 할 것이 하나 더 늘었다.

Part 3

극 복

더 높은 목표를 세워라

슬럼프(Slump)란 원래 지질학 용어로 굳어지지 않은 물질을 지탱해주던 밑부분의 토양이 제거되면서 위에 있던 지층이 아래로 흘러내리는 현상을 말한다. 또는 퇴적층이 그 내구력의 한계에 이르기 전까지 미끄러지지 않고 휘어지다가 그 한계를 넘어서면서 급작스레 아래로 흘러내리면서 발생한 웅덩이를 뜻하기도 한다.

입스(Yips)란 부상 및 실패에 대한 불안감, 주위 시선에 대한 지나친 의식 등이 원인이 되어 손이나 손목 근육에 가벼운 경련, 발한 같은 신체적인 문제가 일어나는 것이다. 의학적으로 뇌 속의 무의식과 의식을 각각 담당하는 편도와 해마의 균형이 깨져 편도가 과잉 활성화되고 해마가 억압될 경우에 발생하는 것으로 알려져 있다.

누구나 한번쯤은 슬럼프나 입스가 찾아올 수 있다. 이런 느낌을 받는다는 것은 자신의 감정이 한계에 다다랐다는 의미로, 다른 측면에서 보면 그동안 해당 업무를 누구보다 열심히 해왔다는 방증이다. 우리가 잘 알고 있듯 아무에게나 슬럼프나 입스가 찾아왔다고 말하지 않는다. 남들보다 뛰어난 수준의 실적을 거둔 후 더 이상 도달해야 할 목표가 보이지 않는 상황일 때 슬럼프 또는 입스가 왔다고 하는 것이다.

여자 골프의 살아있는 전설, 골프 여제 박인비는 1900년 파리 올림픽 이후 116년 만에 부활한 브라질 리우데자네이루 올림픽(2016) 여자 골프에서 우승을 차지해 금메달을 목에 걸었다. 그러나 박인비의 올림픽 출전은 그리 녹록지 않았다.

박인비는 2008년 US오픈, 2013년 나비스코챔피언십(現 ANA 인스퍼레이션), LPGA 챔피언십과 US오픈, 2014년 LPGA 챔피언십(現 KPMG 위민스 PGA 챔피언십), 2015년 KPMG 위민스 PGA 챔피언십과 브리티시오픈 우승으로 커리어 그랜드슬램을 달성해, 박세리에 이어 한국인으로는 역대 두 번째로 LPGA 명예의 전당에 가입했다. 하지만 올림픽을 앞두고 박인비는 왼손 엄지에 부상을 입어 참석 여부가 불투명해졌고, 슬럼프가 이어지며 주변에서는 다른 선수에게 기회를 주는 것이 더 낫지 않겠냐고 종용하기도 했었다. 그러나 그녀는 부상을 이겨내고 올림픽에서 금메달을 목에 걸었고 "어떤 성적이 나올지 나도 몰랐다. 다만 자신의 한계에 도전한다는 생각으로 올림픽에 출전했다"고 소감을 밝혔다.

나는 박인비의 손가락 부상이 슬럼프의 직접적인 원인이라고 생각하지 않는다. 그녀가 장기간 슬럼프를 겪은 이유는 그랜드슬램 이후 더 이상의 목표의식이 없어졌기 때문으로 보인다. 올림픽에서 금메달을 목에 건다는 것은 그녀의 또 다른 성장의 목표가 되기에 충분했고, 그녀는 결국 골든 커리어 그랜드슬램이라는 전무후무(前無後無)한 업적을 달성했다.

장기간의 슬럼프를 깨기 위해서는 더 높은 성공 목표가 있어야 하고 그 목표를 달성하기 위해서는 과거의 열정(熱情)을 다시금 깨워야 가능하다.

오늘은 패턴을 한번 바꿔보자

자신이 오른손잡이라면 오늘 아침엔 왼손으로 한번 양치질을 해보자. 익숙하지 않은 일을 한다는 것은 어딘가 불편하고 어색하다. 하지만 신선한 느낌을 받을 수 있고, 평소 안 좋았던 양치 습관으로 소홀했던 치아 부분을 더 꼼꼼히 닦을 수 있을 것이다.

내가 이런 제안을 하는 이유는 우리의 주된 행동과 사고가 기존의 습관에 의해 과거 패턴을 그대로 따라 하는 경우가 많기 때문이다. 뇌는 반복되는 지루함을 싫어한다. 지루함을 느끼기 시작하면 집중력이 흐트러져 명석한 판단을 내리기 어려워진다. 반대로 새로운 감각으로 뇌의 시냅스에 자극을 주면 잠자고 있던 부분이 깨어난다. 익숙하지 않은 손으로 양치질을 하는 것 또한 새로운 행동으로 뇌를 자극하는 것이다.

패턴을 바꾸는 것은 전략적으로도 중요하다. 손자병법에 '지피지기 백전불태(知彼知己 百戰不殆)', 적을 알고 나를 알면 백 번 싸워도 위태롭지 않다는 말이 있다. 혹시 옆에 사람이 있다면 내기를 걸고 가위바위보를

10판쯤 해보자. 내기가 걸려 있는 만큼 상대의 패턴을 분석하고 내가 어떤 결정을 내려야 할지 고민하게 될 것이다. 만약 상대에게 연달아 패하고 말았다면 자신의 패턴이 읽혔다고 생각해볼 수 있다. 어떤 사람들은 이 방면에 능통해서 가위바위보, 묵찌빠, 홀짝 등의 게임에서 승률이 상당히 높다. 그들은 상대의 패턴을 파악하는 능력이 뛰어나다고 할 수 있다.

그러면 이런 상대에게 승리하기 위해서 어떤 전략을 세워야 할까? 내 판단이 상대에게 예측 가능하다면 랜덤 전략이 효과적이다. 내 생각과 관계없이 무작위로 가위바위보나 홀짝을 선택하는 것이다. 이 전략은 앞서 '실전편'에서 설명한 '태산과 같은 기백으로 평온을 깨트려라', '너의 뇌를 속여라'와 같은 맥락이다.

카지노는 안정적인 수익원 확보를 위해 소비자 심리학을 연구한다고 한다. 여러 사람이 어떻게 행동하는지 패턴을 분석하는 일이다. 주가 지수의 움직임도 시장 참여자들 모두의 심리를 반영한다. 투자자들의 패턴이 특정한 차트를 만들고, 차티스트들은 이를 활용해 투자 방향을 결정한다. 상대의 패턴을 잘 읽는 사람과 가위바위보를 하면 질 확률이 높다. 하물며 소비자 심리학까지 연구하는 카지노에서 돈을 딸 수 있을까? 수억 원씩 오가는 주식투자도 마찬가지다. 하지만 우리는 카지노에서 돈을 땄었다고 한 사람은 많이 봐왔다. 그리고 주식투자로 예전에 큰돈을 벌었다는 이야기도 많이 들어봤다. 이들의 승리가 대부분 과거형인

이유는 예전에 자신을 승리로 이끌었던 패턴을 계속 고집했기 때문이다. 일이 잘 풀리지 않는다면 오늘은 패턴을 한번 바꿔보자. 기분 전환만으로도 우린 많은 것을 바꿀 수 있다.

체력이 우선이다

스트레스는 만병의 근원이다. 스트레스는 '팽팽히 죄다(Stinger)'를 뜻하는 라틴어로부터 비롯된 단어로 외부의 상황에 의해 심리적, 신체적으로 긴장한 상태를 말한다. 하던 일이 잘 풀리지 않으면 스트레스가 쌓이게 되고 긴장이 장기간 지속될 경우 몸에 무리가 오기 마련이다. 사무직 업무 종사자들 중에는 거북목이나 목 디스크 등 목 질환을 가진 사람이 부지기수다. 자세가 바르지 못한 것도 있겠지만 편안하지 못한 상황에서 업무에 집중하다 보니 자연스레 생기는 직업병이다.

증권회사에 10년 가까이 근무하면서 증시와 건강 간의 상관관계를 발견했다. 증권맨들은 증시가 호황일 때는 아픈 법이 없다. 반대로 증시가 불황일 때는 눈부터 허리까지, 고통을 호소하는 사람들이 많아진다. 만약 증시가 호황인데 아프다고 하는 증권맨이 있다면, 그는 투자를 잘못하고 있을 확률이 높다.

스트레스에 영향을 크게 받지 않기 위해서는 평소에 기초체력을 기르는 것이 중요하다. 나는 사람마다 타고난 신체적, 정신적 능력이 있다고 믿는 편이다. 능력이 좋은 사람은 평소에 그 좋은 능력이 성과로 나타난다. 하지만 경험해보지 못한 환경에 처하면 그 특별해 보였던 능력이 다른 사람들의 능력과 다를 바 없어진다는 것을 체감해 왔다. 경험해보지 못한 환경이란 승부처일 때가 많고, 그때 우리에게는 대단한 묘수(妙手)가 필요한 것이 아니라 평소에 해왔던 대로 자신의 능력을 십분 발휘할 수 있는 침착함과 체력이 필요한 것이다. 그러기 위해서 우리는 평소에 기초체력을 길러야 한다.

2002년 월드컵 당시 히딩크 감독은 개막 100일을 앞두고 '파워 프로그램'이라는 체력 강화 특별훈련을 실시했다. 일부에선 '왜 전술훈련을 안 하고 체력훈련만 시키냐'며 비판했다. 하지만 히딩크 감독은 기술과 전술을 효과적으로 구사하기 위해서는 우선 체력이 밑바탕 되어야 한다고 강조했다. 월드컵 본선에서 우리 국가대표 선수들은 90분을 모두 뛰고도 힘이 넘칠 정도로 강한 체력을 보여줘 세계 축구계에 깊은 인상을 남겼다.

스포츠뿐 아니라 어떤 분야에서든 제대로 경쟁자와 겨뤄 이기고자 한다면 먼저 기초체력을 기른 후 기술과 노하우를 터득해야 한다. 기초체력이 뒷받침되지 않는 상태에서 기술만을 위해 노력하는 것은 오래가지 못해 이윽고 무너질 수밖에 없을 것이다. 이처럼 기업과 산업에 대한 분석을 게을리하면서 빠른 투자성과를 위해 단타만 고집하는 투자자

혹은 얄팍한 카지노 술수만으로 올인 베팅을 서슴지 않는 겜블러들을 볼 때마다 안타깝다.

나는 주식투자나 카지노 겜블이나 평생 동안 즐기면서 해야 하는 것으로 생각한다. 따라서 장기간의 승부에서 이겨내려면 기초체력이 반드시 뒷받침되어야 한다. 아프지 말자. 아프고 기력이 딸린다고 하는 것은 지금 자신의 체력이 바닥에 있다는 것을 의미한다.

작은 패로
크게 먹는다

주식시장이 계속 하락하더라도, 카지노에서 자신의 판단이 계속 빗나가더라도 멘탈을 챙겨야 한다. 멘탈을 바로 세울 수 있는 최적의 방법은 다시 돈을 벌어들이는 것이다. 우선은 소액의 투자부터 시작해야 한다. 몇 번 이겼다고 금세 예전의 투자금액으로 돌아가서는 안 된다. 평생 동안 해야 하는 게임인 만큼 당장 승부를 보겠다는 생각을 거두자.

빅벳은 내가 게임에서 유리할 때 하는 것이다. 세븐오디 포커 게임을 한다고 예를 들어보자. 많은 사람이 포커 게임을 하면서 플러쉬, 풀하우스, 심지어는 포카드가 나와야만 큰 판을 먹을 수 있다고 생각하는데, 지금 이 순간부터 그런 생각을 버리자. 포커 게임을 하는 동안 몇 번이나 그런 카드를 만져볼 수 있을까. 패가 잘 들어오지 않더라도 안정적인 운영을 이어 가려면 투페어를 손에 쥐었을 때 승률이 높아야 한다. 높은 족보의 카드를 바라는 사람은 투페어를 별거 아니라고 생각하겠지만 상대가 메이드만 되지 않았다면 투페어는 필승의 카드다.

만약, 처음 세 장의 카드를 받은 후 자신의 카드가 하이 원페어(Q이상의 페어)라면 이제부터는 상대의 베팅 강도에 촉을 세워야 한다. 세 장을 가지고 하이 원페어라면, 내 위로는 세 카드가 모두 같은 트리플(3봉)뿐이다. 충분히 자신감을 가져도 된다. 상대가 약한 카드라고 판단했을 때는 큰 베팅으로 상대를 드롭시킬 수 있다. 베팅을 통해 자신의 흐름으로 가져와야 한다. 하이 투페어는 약한 카드가 아니다. 이길 수 있는 카드다. 꼭 플러쉬나 풀하우스가 메이드 되어야만 크게 이길 수 있는 것이 아니다. 상대가 그런 카드를 노리고 있다는 생각을 역으로 이용할 줄 알아야 한다. 메이드 되지 않은 상대를 이기는 데는 투페어면 충분하다.

주식시장에도 이런 기회들이 많다. 첫 번째 사례는 이번 분기에 호실적이 예상되지만 특이한 수급 요인으로 주가가 정체되어 있는 업체의 경우다. 최근 대주주 요건이 강화되면서 세금 감면을 목적으로 11월, 12월에 의도적으로 지분을 축소하고자 하는 움직임이 확대되고 있다. 이 때문에 호실적이 예상됨에도 불구하고 무슨 악재가 있는 것처럼 주가가 급락한다. 관심을 가졌던 업체의 주가가 이렇게 개인 수급 영향으로 급락하는 모습을 보인다면 적당히 매수해볼 만하다. 특히 게임주는 겨울방학 특수로 연말에 실적 성수기를 보이는 경우가 많은데 수급 현황을 파악해 투자에 활용한다면 성공 확률을 높일 수 있을 것이다.

두 번째 사례는 악의적인 뉴스플로우로 주가가 급락한 경우다. 우리가 접하는 정보들은 단계별로 전파된다. 자신이 직접 찾아내고 만들어 낸 자료가 아니라면 누군가 먼저 알고 있었다는 것이다. 이러한 정보들은 주식시장에서 미리 사두는 '선취매'나, 미리 파는 '선매도'로 이어지는데, 정보가 확산된 후 이를 적절히 활용하면 투자에 이용할 수 있다. 매일같이 주식시장은 호재성 기사들로 넘쳐난다. 하지만 어떤 기사들은 보도가 되기도 전에 주가가 올라서 기사가 시장에 알려진 후엔 오히려 급락하는 모습을 보인다. 선취매의 부정적인 효과다. 반면 악재성 정보도 많다. 기업에 대한 세무조사, 계약파기로 인한 모멘텀 소멸, 전방 산업에 대한 잘못된 정보 전달 등이 대표적이다. 이런 악재가 유출될 것을 우려한 기업내부자의 선매도가 있었을 것이다. 악재 노출은 기회다. 기업의 내재 가치가 확실함에도 불구하고 단기간에 급락한 종목이 있다면 조심스럽게 접근해보자.

세 번째는 해외 시장의 불확실성이 국내시장에 민감하게 반영된 경우다. 2016년에 있었던 브렉시트(Brexit) 이슈가 그랬다. 브렉시트는 영국(Britain)과 탈퇴(Exit)의 합성어로 영국이 유럽연합(EU)에서 탈퇴하는 것을 의미한다. 당시 영국의 데이비드 캐머런 총리는 2015년 5월 총선에서 승리하면 2017년까지 영국 시민에게 EU 탈퇴 여부를 묻는 국민투표를 실시하겠다고 약속했다. 실제로 그보다 1년 앞선 2016년 6월 23일(현지시간)에 브렉시트 찬반 국민투표가 진행됐다. 투표에 참여한 영국 국민 3,355만 명 중 1,742만 명(51.9%)이 브렉시트 찬성에 표를 던지면서 반대

(48.1%)를 3.8%포인트 차이로 이겼다. 이에 따라 영국의 EU 탈퇴가 결정됐다. 브렉시트가 결정된 다음 날 우리 주식시장은 하락 폭을 크게 키웠다. 하지만 불과 일주일 만에 시장은 평소 수준을 회복했으며 심지어 이후 석 달 동안 상승 랠리를 나타냈다.

2016년 11월 8일에 있었던 미국 대통령 선거도 마찬가지였다. 시장의 예상과 달리 우리나라에 비우호적인 정책을 갖고 있는 도널드 트럼프가 미국 대통령에 당선되었다. 다음 날인 11월 9일 우리나라의 증시는 크게 요동쳤지만 3주 만에 하락 폭을 회복하고 상승세를 이어갔다.

시간을 지켜라

힘들고 어려울 때일수록 우리는 자신과 한 약속을 지켜야 한다. '시간을 지키는 것'은 사소한 일일 수 있지만 그것이 불러오는 파급효과는 놀라울 정도다. 내가 여기서 이야기하는 '시간을 지키라'는 말은 사람들과의 관계에서 시간 약속을 어기지 말라고 하는 것이 아니라 자신과 한 시간 약속을 지키라는 것이다. 수험생이라면 '목표로 삼은 분량을 몇 시까지 끝마치겠다'든지, 운동선수라면 '목표로 한 체력훈련을 반드시 이겨내겠다'든지 하는 자신과의 약속을 예로 들 수 있겠다. 지금의 나는 과거의 하루하루가 모여 완성된 것이다. 충실히 자신과의 약속을 지켜 나간다면 분명 자신이 도달하고자 하는 성과에 다가갈 수 있을 것이다.

카지노에서 겜블을 하면서도 자신과 한 시간 약속을 지키는 습관을 가져야 한다. 몇 시까지 게임을 하겠다고 정하면 되도록 그 시간에 맞추는 것이 좋다. 하지만 일반적으로 카지노를 즐기는 사람들은 전문 겜블러가 아니다. 대부분의 사람들이 동반자들과 함께 온 여행 과정에서 게임에 참여하기 때문에 그 시간을 잘 지키지 못한다. 내일의 여행 스케줄, 비행기 시간 등 외부적인 영향을 많이 받기 때문에 시간관리가 힘들다.

게임이 잘 된다고 계속하다 보면 많이 쌓아두었던 칩을 모두 잃고 숙소에 들어갈 확률이 높아진다. 결국 잃고 나서야 자리에서 일어나기 때문이다. 또 자신과 한 약속보다 더 많은 시간 게임을 하다 보면 집중력이 흐트러지게 마련이다. 12시까지만 하다 가려고 했는데, 오지 않는 베팅 찬스를 기다리다가 결국에는 아무 테이블에나 가서 '에라 모르겠다'며 가지고 있는 칩을 전부 밀어 넣게 된다. 운이 좋아 이기더라도 다시 그 같은 행동을 반복한다는데 문제가 있다.

여행 중에 카지노를 즐기는 사람 대부분이 돈을 잃는다. 가장 큰 이유 중 하나가 바로 출국 시간이 임박할 때까지 게임을 계속하기 때문이다. 1년에 한두 번 올까 말까 하는 카지노인지라 테이블에서 떠나질 못한다. 카지노에서 여행을 마무리하는 사람들은 돈을 잃어서 힘든 것보다 내가 언제 다시 여기에 올 수 있을까 하는 생각이 앞선다. 그래서 지금껏 따고 있었던 돈을 마지막 베팅에 쏟아 붓고, 남아 있는 경비 전부를 올인 베팅하고 떠나는 경우가 많다. 시간에 쫓겨 하는 베팅은 무모하다. 그 마지막 베팅으로 돈을 잃고 비행기에 오르면 얼마나 허무한지 다들 알고 있을 것이다. 과거의 경험을 한번 떠올려 보자. 카지노에서 돈을 좀 잃었다 하더라도 마지막이라는 생각에 남은 전부를 베팅하기보다는 다음 여행을 위한 마중물로 남겨두는 인내가 필요하다.

주식투자를 하면서도 자신과 한 시간 약속을 지켜야 한다. 2018년 10월 우리나라 증시는 2008년 서브프라임 이후 가장 큰 폭으로 하락했다. 너무 급격하게 하락해서 대응할 시간이 부족했다. 모든 투자자가 망연자실(茫然自失)했다. 사실 이번 하락은 피할 수도 있었다. 글로벌 경기하강 우려가 높아지고 있었고, 미중 간의 무역전쟁이 심화되면서 시장이 출렁였다. 많은 투자자들이 올 연말 시황이 좋지 않을 것이라 예상해 추석 전까지 주식 비중을 줄여 놓겠다고 했다. 하지만 실천에 옮기지 못했다.

분명 주위에 많은 투자자들이 그렇게 계획했다. 계획대로 실천에 옮겼다면 지금 아주 큰 기회를 맞이했을 것이다. 하지만 그러지 못했다. 그 이유는 2018년 투자수익을 거둔 사람이 거의 없었기 때문이다. 그래서 연말이 되었는데도 비중을 줄이지 못했던 것이다. 또 이렇게 큰 낙폭을 보일 것이라곤 생각지도 못했다. 출국 시간이 다가오는데 끝까지 올인 배팅을 하고 있는 것과 같았다.

시간을 지켜야 한다. 그래야 돈에 쫓기지 않는 투자를 할 수 있다. 사소한 것부터 시작하자. 자기 자신과 한 약속을 지키는 하루하루가 모여 조금씩 당신을 성공하는 사람으로 만들 것이다.

손실을 실현하라

주식투자자들이 못하는 것 중 하나가 바로 손실을 실현하는 것이다. 이런 일이 실제로 있으면 안되겠지만 자신이 주력으로 매수한 업체 주가가 평균 매수가 보다 30% 정도 하락했다고 치자. 만약 신용까지 사용했다면 투자자산의 절반 이상이 날아가버렸을 것이다. 계좌 잔고를 살펴보기가 겁나고, 혹시나 주가가 더 빠지기라도 하면 '반대매매로 증권사에서 연락이 오진 않을까' 하며 조마조마해진다. 신용이라도 먼저 상환했어야 하는데 그럴 수 있는 사람은 많지 않다. 오히려 있는 돈 없는 돈까지 만들어 반대매매가 안되도록 방어한다.

이런 상황은 하락장이 장기간 이어질 때 발생한다. 이를 타개하기 위한 가장 좋은 방법은 모든 손실을 실현해 현금화하는 것이다. 하락장이 계속되다 보면 너무 빠져서 기술적 반등이 강하게 나오는 종목이 발생하는데, 여기에 편승해 작은 이득이라도 취해야 한다. 현금화를 못해 계속 특정 종목에 묶여 있으면 만회하기가 더 어려워진다.

개인투자자들 중 일부는 깡통계좌를 경험한다. 그런 사람들 대부분이 손실을 실현하지 못해서 그렇다. 하락장은 반드시 온다. 그때가 되면 자신이 투자한 종목의 좋고 나쁨을 떠나서 시장의 주도주인지 아닌지를 판단하자. 하락장에서는 특히 쏠림 현상이 심하게 나타난다. 자신의 종목이 소외주라면 손실을 크게 입고 있더라도 빨리 현금회해 시장의 주도주에 편승해야 한다. 2016년 하반기는 브렉시트, 美 트럼프 대통령 당선, 국내 정치상황 불안 등 대내외 부정적인 시장요인으로 하락장을 경험했다. 하지만 이런 가운데서도 IT 섹터는 상당한 주가 상승률을 보여주며 주도주 역할을 했다. 만약 당시 IT 관련 종목을 보유하고 있지 않은 투자자라면 손실을 만회하기 어려웠을 것이다.

카지노에서도 간혹 빚을 내서 게임하는 사람들이 있다. 그런 겜블러의 승패는 불 보듯 뻔하다. 그는 겜블러가 아니라 도박 중독자라 할 수 있다. 혹시라도 같이 여행간 동반자에게 돈을 빌려 게임한 적이 있는가? 그래서는 절대 안 된다. 돈도 잃고 친구도 잃고 여행도 망치게 될 것이 자명하다. 게임은 언제나 자신의 돈으로 감당할 수 있는 만큼만 즐겨야 한다.

카지노에서는 특히 손실을 확정 짓기 어렵다. 많은 겜블러들이 비행기에 내려 호텔에 짐을 풀자마자 카지노에 내려온다. 그 겜블러는 가지고 온 모든 금액을 테이블에 올려두고 베팅에 참여한다. 모든 금액을 테이블에 올려 놓은 것을 지적하는 것이 아니다. 종잣돈이 넉넉해야 아무래도 베팅에 여유가 생긴다. 첫날부터 게임이 잘 풀리면 좋겠지만 아닌 날도 분명히 있다. 가진 돈 전부를 가지고 카지노에 내려왔더라도 손절 금액에 도달하면 미련 없이 일어설 수 있어야 한다. 카지노는 언제나 열려 있다. 오늘만 날이 아니다.

절대로 찍지 마라

우리는 중요한 승부를 앞에 두고 상당한 고민을 하다가도 '에라 모르겠다' 하며 의미 없는 결정을 하기 일쑤다. 이는 결국 자신의 승부를 운에 맡기는 방법일 뿐이다. 극단적으로 지금 남아 있는 자금이 별로 없고, 손실이 너무 커서 앞날이 보이지 않는 상황이라도 절대 찍어서는 안 된다. 우리는 지금껏 이기는 확률을 높이는 데 집중해왔다. 운이 좋을 때고, 나쁠 때고, 컨디션이 호조일 때고, 난조일 때고 어떠한 상황에서든 안정성 있는 투자, 원칙 있는 베팅을 할 수 있어야 된다.

'에라 모르겠다' 식으로 찍어 한두 번 맞추게 되면 또 다시 그렇게 반복하게 된다. 계속 운에 맡기다 보면 결국 빈털터리가 되고 말 것이다. 아예 시도부터 하지 않는 자세가 옳다. 고민하고 답을 찾아내는 것이 우리의 과제다. 여러 단서들을 가지고 자신 있는 곳을 승부처로 삼자.

많은 투자자들과 겜블러들이 단 한번의 승부를 통해 몇 배의 수익을 거두려고 한다. 어느 TV 프로그램에서 주식투자로 손실을 많이 본 연예인이 '투자는 아무나 하는 것이 아니다'라며 우스갯소리를 했는데, 나는 그의 말에 상당부문 공감한다. 그는 이런 말을 덧붙였다. '주식으로 1억을 벌고 싶을 땐 2억을 투자하라'고 말이다. 사실 주식투자로 1억을 벌기에 2억도 충분한 자산은 아니다. 그런데 많은 사람들은 몇 천만 원도 되지 않는 자금으로 수억 원을 벌고자 한다.

앞서 말했지만 한 방에 전부를 얻으려고 해서는 안 된다. 리스크를 최대한 줄이면서 확실하다고 판단되는 종목에서 의미 있는 성공들을 이어가야 한다. 꾸준한 거북이가 토끼를 이긴다. 세상의 모든 위대한 성공은 서두르지 않는 착실한 노력에서 비롯되었다는 것을 기억할 필요가 있다.

수익의 많고 적음을 떠나서 일단 수익을 내는 것이 중요하다. 그 수익이 쌓여가다 보면 나중에 큰 자산이 되어 있을 것이다. '남들은 저렇게 수익을 내고 있는데 나만 이렇게 더디게 가야 하다니'라며 조급증이 날 수도 있다. 그러나 이 길이 맞다는 믿음을 가져야 한다. 꾸준한 노력은 작은 성과를 만들고 그 작은 성과들이 모여 큰 업적을 세우게 될 것이다.

이를 무시하고 아직도 남의 말만 듣고 주식투자를 하거나, 아무런 원칙도 없이 무책임하게 베팅하는 겜블러들이 많다. 이런 행동은 이제 그만두겠다는 중단의 의미를 내포하고 있다. 인생은 끝없는 승부의 연속이다. 그 중요한 승부를 중단한다는 것은 있을 수 없는 일이다. 괴로운 시간을 참고 견디며 묵묵히 자신의 원칙을 지키는 투자자만이 훌륭한 성과에 디디를 수 있다.

스스로에게 동기를 부여하라

골프 황제 타이거 우즈(Tiger Woods)는 2006년 첫 메이저대회인 마스터즈에서 필 미켈슨(Phil Mickelson)에게 그린자켓을 양보하고 공동 3위에 올랐다. 당시 최고의 전성기를 누리고 있었던 우즈는 경기 후 인터뷰에서 "전립선암에 투병 중인 아버지가 볼 수 있는 마지막 경기라 꼭 우승하고 싶었는데 아쉽다"고 말했다. 우즈는 아버지 임종 후 "지금의 자신을 만든 것은 아버지였고, 자신의 베스트 프렌드이자 최고의 롤 모델이었고, 엄청난 아버지였고, 코치였고, 스승이었다"고 회고했다.

우즈는 아버지를 여의고 같은 해 6월에 있었던 US오픈에서 컷 탈락하게 된다. 1996년 프로로 전향한 이래로 메이저대회 참가 37번 동안 타이거 우즈는 컷 탈락한 적이 없었다. 장기 슬럼프로 이어지는 것이 아니냐는 우려 속에서도 우즈는 보란 듯이 메이저 대회에서 4승을 추가했다. 그는 2006년 로열 리버풀에서 열린 브리티시오픈에서 크리스 디마르코(Chris DiMarco)를 1타 차이로 꺾고 우승한 뒤 자신의 캐디였던 스티브 윌

리엄스(Steve Williams)를 끌어 안고 하늘을 보며 눈물을 흘렸다. 그리고 그 해 PGA챔피언쉽까지 제패했으며, 2007년 PGA챔피언쉽, 2008년 US오픈에서도 정상을 차지했다.

우즈는 2006년 브리티시오픈 우승을 회고하며 이런 말을 남겼다. "우리는 주변 사람이 아니라 스스로에게 동기를 부여해야 합니다." 2006년 마스터즈와 US오픈은 너무 아버지를 위한 경기를 했던 것 같다고 말이다. 가족, 사랑하는 연인 등 주변사람이 힘이 될 수는 있지만 그 사람을 위한 플레이를 하다 보면 자신의 실력이 제대로 발휘되지 않는다는 이야기다.

대다수의 스포츠 영화에서 주인공은 중요한 승부를 앞두고 가족이나 연인들과의 갈등 때문에 힘겨워한다. 주인공이 가진 고민은 승부처를 이겨낼 수 있는 원동력으로 미화된다. 갈등이 해소된 힘으로 주인공은 승리자가 된다. 전혀 현실성이 없다. 영화에서나 있을 법한 얘기다.

챔피언이 되고 싶다면 오직 자신에게만 집중해야 한다. 자신을 곤경에 빠트리고, 걱정을 끼치고, 주위를 산만하게 하는 주변 인물들은 승리의 열쇠가 아니라 커다란 짐이다. 큰 일을 앞두고 있는 사람의 가족, 연인이라면 상대방이 잘될 수 있도록 자신의 걱정거리를 숨겨줄 줄도 알아야 한다.

냉정하다고 생각할지 모르겠지만 투자나 베팅을 함에 있어서 누구를 위한다는 마음이 조금이라도 있다면 승부를 멈추는 것이 좋다. 만약 그런 생각이 든다면 다음 기회를 노리자. '내가 지금 매도하면 주가가 빠져서 당신이 힘들 테니 좀 참아보겠다', '이번 베팅에 승리한다면 너에게 돈을 빌려줄게' 같은 생각을 가지고 승부에 임한다면 성공 확률이 떨어진다. 훌륭한 투자자라면 절대 남을 위해서 투자하지 않는다.

카지노에서 게임하는 사람들을 보면 연인 관계로 보이는 사람이 많다. 남녀가 함께 하는 게임은 집중도가 떨어진다. 커플 중 한 사람만 게임을 하는 것이 아니라 둘이 모두 베팅에 참여하면 더더욱 그렇다. 동반자가 돈을 따길 원한다면 당신이 먼저 호텔로 올라가 기다려라. 남녀가 같이 게임 테이블에 앉게 되면 상대를 의식한 베팅을 하게 마련이다. 특히 남자는 여자에게 보여주기 위한 과시욕이 강한 편인데 이 점을 경계해야 한다. 저녁식사와 함께 술까지 한잔했다면 무리한 베팅을 하고 있을 것이 분명하다.

놀이가 아니라 진짜 돈을 따러 카지노에 갔다고 하면 최대한 집중할 수 있는 컨디션에서 혼자 플레이해야 한다. 동반자와 같은 테이블에 앉으면 안 된다. 아는 사람과 함께 플레이하면 어쩔 수 없이 그 동반자를 배려하기 때문에 베팅 찬스를 놓치기 십상이다.

주식투자도 마찬가지다. 되도록 타인에게 자신이 어떤 종목을 얼마나 가지고 있는지 이야기하지 않는 것이 좋다. 자신이 투자한 종목을 노출하는 목적은 다음과 같다. 우선 투자수익이 높은 상황에서 자신의 종목을 노출하는 경우다. 이는 타인에게 자신의 실력을 과시해 자신의 종목을 매수하게끔 하려는 의도가 숨겨져 있다고 볼 수 있다. 내가 당신보다 실력이 있으니 내 말을 따르라는 뜻이다. 반면 투자손실이 높은 상황에서 자신의 종목을 노출하는 경우도 있다. 이는 상대방에게 불쌍하다고 엄살을 피우거나 동정심을 유발해 자신의 종목에 매수를 동참하게 하려는 목적이 있는 것이다.

이렇게 자신의 종목을 노출해가면서 주식을 해야 할 이유가 있을까? 역효과만 있을 뿐이다. 공유한 종목이 잘된다면 시기와 질투가 있을 것이고 말도 안 되는 노이즈들이 발생한다. 또 해당 종목의 주가가 빠지기라도 하면 '당신은 주식 못하는 사람'이라고 평가받게 될 것이다. 이런 세간의 관심이 자신의 매매를 혼란스럽게 만들 수 있다. 그래서 매도해야 할 종목을 남들의 시선 때문에 팔지 못하고, 매수해야 할 종목의 적기(適期)를 놓치는 일이 잦아진다. 남을 의식하지 말고, 본인에게 집중하라.

스마트그리드 산업

누리텔레콤(040160, KQ) : '원격검침 시장 확대로 지속성장 이어질 전망'

2009년 2월 2일 스마트그리드 산업에 대한 리포트를 발간했다. 지금은 익숙한 내용이지만 당시만 하더라도 '스마트그리드'라는 단어 자체가 생소했다. 해당 보고서에는 원격검침 시스템 구축 업체인 누리텔레콤과 전력검침기 제작 업체인 옴니시스템이 포함되어 있었다.

누리텔레콤의 첫 보고서를 발간할 당시 기준일 주가는 3,755원이었다. 동사는 보고서 발간 이후 6개월 만에 최고가 1만8,750원을 기록했다. 단기간에 주가가 400%가량 상승하며 시장의 주목을 받았다.

당시 투자자 한 분에게서 전화가 걸려왔다. 몇 년 동안 누리텔레콤 주식을 보유하고 있었는데 드디어 빛을 봤다고 하면서 감사하다며 한 번 뵙자고 하셨다. 그는 자신을 마사회 직원이라 소개하면서 시간 있을 때 과천 경마장에 한번 놀러오라고 했다. 몇 번을 거절하다가 경마장에 대한 호기심도 있고 해서 주말에 친구와 함께 들렀다. 그분은 내게 마주클럽, VIP룸 등 여러 곳을 소개시켜주셨다. 색다른 경험이었다. 지금도 누리텔레콤을 생각하면 문뜩 그때 갔던 경마장의 추억이 떠오른다.

2010년 추가로 발간한 세 차례 보고서는 증권거래소에서 중소형사 홍보를 위해 분석을 의뢰한 것으로 별도의 투자의견이나 목표주가를 산정하지는 않았다.

누리텔레콤 주가 추이

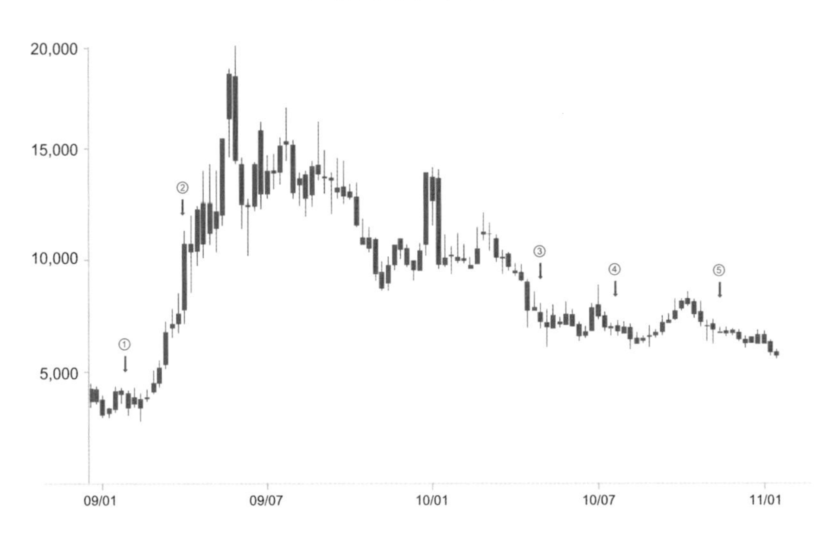

리포트 발간 일지

No.	날짜	리포트 제목	목표주가(원)	투자의견
①	2009.02.02	원격검침 시장 확대로 지속성장 이어질 전망	5,700	Buy(신규)
②	2009.04.02	스마트그리드 사업 가시화에 따른 수혜 전망	7,400	BUY(유지)
③	2010.05.31	3Q10부터 실적 개선, 내년까지 확대 예상	-	-
④	2010.08.31	우즈벡 가스 AMI시스템 수출, 실적 개선의 신호탄	-	-
⑤	2010.11.30	스마트그리드 관련 매출 가시화로 성장 본격화	-	-

정부의 그린에너지 기술개발 전략 로드맵 발표

지식경제부는 2009년 1월 22일 '그린에너지 전략 로드맵'을 발표했다. 주요 내용은 2012년까지 정부가 1조8,000억 원을 투자하고, 국내 기업이 4조2,000억 원을 투자해 신재생에너지, 온실가스, 에너지효율화 등 그린에너지 산업 육성에 총 6조 원 규모를 활용하겠다는 것이었다. 정부의 그린IT 육성책은 당시 분야별 세계 최고 수준 대비 50~85%에 불과한 우리나라의 그린에너지 기술을 한 단계 향상시키고, 그린에너지 부품, 소재 분야를 중점 육성해 수입 의존도를 지속적으로 낮추는 것을 목표로 하고 있었다. 나는 정부의 그린IT 육성책 중에서도 한국전력이 주도하는 가정용 디지털 전력량계 교체사업에 주목했다. 관련 업체로 누리텔레콤과 옴니시스템이 수혜를 받을 수 있겠다고 판단해 보고서를 작성하게 되었다.

스마트그리드 사업의 핵심분야 AMI

2009년 1월 정부의 '그린에너지 전략 로드맵' 발표에 따른 세부조치로 두 달 뒤인 3월 31일 스마트그리드(지능형 전력망) 수립 계획이 발표되었다. 정부의 스마트그리드 사업은 양방향 정보통신 기술 기반의 스마트 미터기 AMI(Advanced Metering Infrastructure), 에너지 관리 시스템 EMS(Energy Management System), 전기자동차 및 충전소, 배전 자동화 시스템

DAS(Distribution Automation System) 등으로 구성되었는데, 이 중에서도 AMI는 미터기, 수용가능 전력기기, 근거리 통신기술, 데이터 관리시스템을 모두 포함하고 있어 스마트그리드 보급의 핵심요소로 급부상하고 있었다.

원격검침시스템의 절대강자 누리텔레콤

동사는 1992년 설립된 IT 무선통신 솔루션 업체다. 세계 최초로 이동통신망과 Zigbee 기술을 이용한 지능형 원격검침시스템을 개발해 상용화하는 등 높은 수준의 기술력을 갖추고 있었다. 동사는 국내 AMI 솔루션 분야의 독보적인 업체로 정부의 스마트그리드 정책 발표 이전에 이미 전국 16만 호에 원격검침 시스템을 독점으로 공급하고 있었다. 당시 주식시장에서 거론되던 대부분의 스마트그리드 관련 업체가 옴니시스템과 같은 단순 계량기 제조사인 것에 반해, 동사는 스마트 미터, 유무선 방식의 검침용 모뎀 등 통신장치를 비롯해 검침 소프트웨어까지 AMI 토탈 솔루션을 보유하고 있어 스마트그리드 산업의 Top-pick이 될 것으로 기대했다.

국내 원격검침 시스템 도입 계획(단위 : 만 가구)

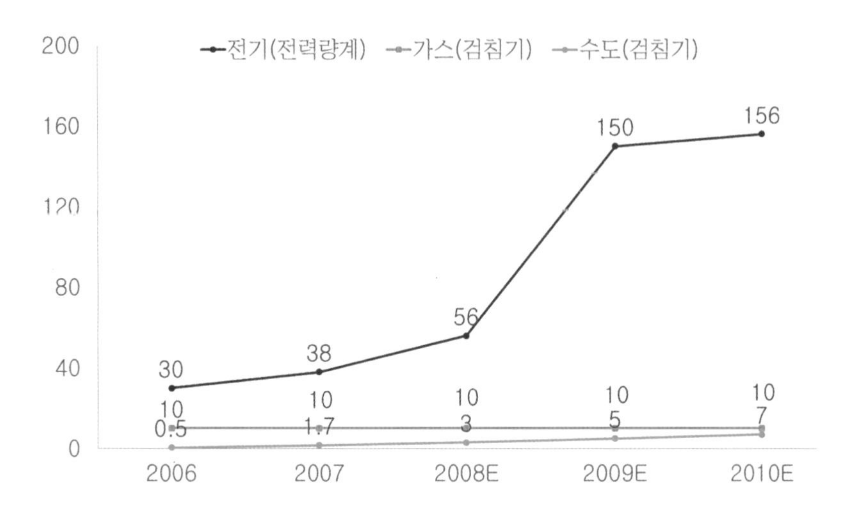

2009년도 누리텔레콤 사업 부문별 매출 비중(단위 : %)

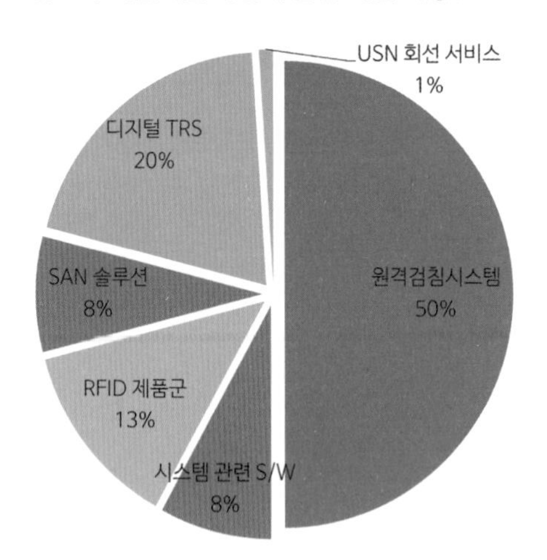

원격검침 시스템 대규모 해외수출 임박

동사는 2007년 스웨덴의 27만 가구에 원격검침 시스템을 제공하는 프로젝트를 수주한 데 이어 노르웨이, 스페인, 멕시코 등 세계 12개국에 수출했던 레퍼런스를 가지고 있었다. 정부정책 수혜로 인한 안정적인 국내 매출 성장과 추가적인 해외 대규모 수주가 임박해 있어 투자자들의 관심이 고조되었다.

재무제표 요약 및 수정 주가 추이

연 도	매출액(억원)	영업이익(억원)	영업이익률(%)	당기순이익(억원)	당기순이익률(%)	ROE(%)
2006	306	10	3.4	23	7.4	8.0
2007	364	21	5.7	26	7.0	8.0
2008	594	45	7.6	22	3.8	6.3
2009	516	43	8.4	14	2.7	3.4
2010	467	10	2.2	-10	-2.2	-2.2
2011	633	3	0.5	-8	-1.3	-1.5
2012	296	-56	-18.8	-113	-38.2	-19.7
2013	374	21	5.6	69	18.4	15.3
2014	389	13	3.3	15	3.8	3.8
2015	584	88	15.0	44	7.6	10.0

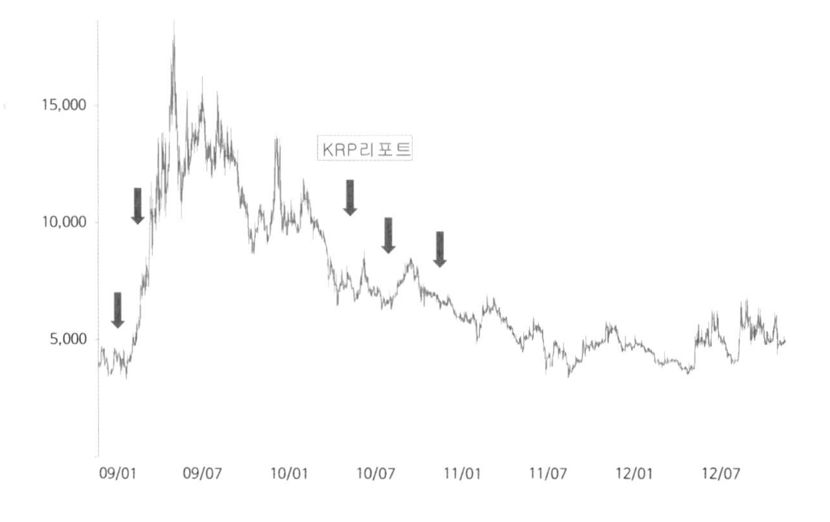

정부 정책 수혜와 해외 수주 모멘텀으로 가파른 주가 상승을 보여줬다. 2010년에는 증권거래소가 의뢰한 KRP보고서를 세 차례 발간했다. 해당 보고서에는 투자의견과 목표주가가 제시되지 않았다.

무선인터넷 산업

케이엠더블유(032500, KQ) : '와신상담(臥薪嘗膽), 드디어 한을 풀다'

2012년 1월 16일 LTE 상용화를 앞두고 무선인터넷 산업 보고서를 발간했다. LTE 서비스가 가능하기 위해서는 초소형 기지국인 RRH(Remote Radio Head)가 선제적으로 투자되어야 하기 때문에 관련 장비업체에 수혜가 예상됐다. 당시 케이엠더블유, 에이스테크, 웨이브일렉트로닉스가 관심 종목으로 선정되었다.

나는 2007년말 리서치센터에 배치 받고 통신장비/통신서비스 섹터를 맡았다. SK텔레콤, KT, LG유플러스 등 이통사를 커버하고 통신장비, 휴대폰 부품 업체 중에서 유망 업체를 발굴하는 일이었다. 당시 코스닥 시장에 상장되어 있는 통신장비 업체들 중에 가장 높은 시가총액을 기록하고 있던 회사가 바로 케이엠더블유였다. 2007년 4,000억 원에 가까운 시가총액을 기록하고 있었던 케이엠더블유는 2009년 1,000억 원 부근까지 급락했다. 주가 하락의 원인은 이동통신사의 설비투자 계획이 감소했기 때문이었다.

통신장비 업체 특성상 이통사의 투자계획에 실적이 민감하게 반응한다. 2012년에는 LTE 상용화를 앞두고 대대적인 RRH 장비 투자가 진행되었고, 실적개선 기대감으로 동사의 주가는 2012년 1월 6,190원에서 2013년 중순 2만8,000원까지 350%가량 급등했다.

케이엠더블유 주가 추이

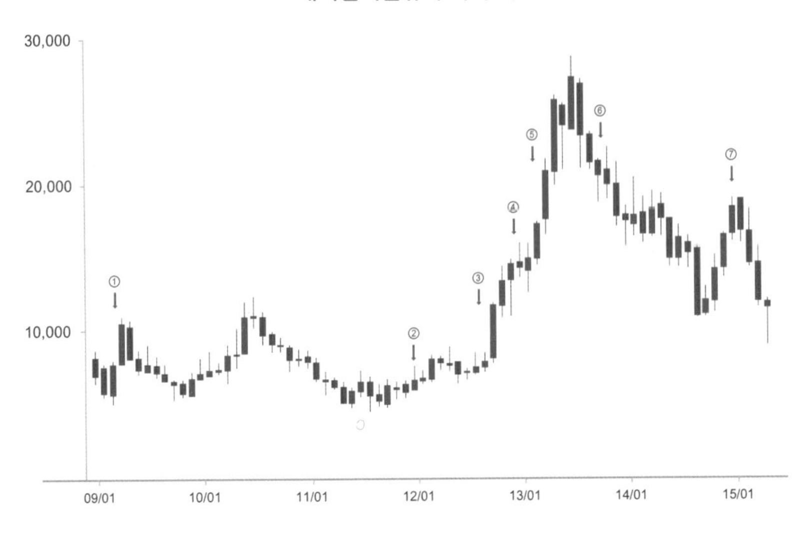

리포트 발간 일지

No.	날짜	리포트 제목	목표주가(원)	투자의견
①	2009.03.30	올 하반기 각국 정보의 통신 인프라 확대에 주목	9,600	BUY(신규)
②	2012.01.16	LTE용 RRH핵심 기술력 보유, 도약의 한해가 될 전망	8,600	BUY(유지)
③	2012.10.29	臥薪嘗膽 (와신상담) : 드디어 한(실적)을 풀 때가 왔다	15,000	BUY(재개)
④	2013.02.25	미스프린트의 LTE설비투자 확대로 급성장 이이갈 전망	21,000	BUY(유지)
⑤	2013.04.22	올 1분기 사상 최대 실적 달성 전망	25,000	BUY(유지)
⑥	2013.11.11	스마트폰 다음은 태블릿 LTE 투자는 계속된다	30,000	BUY(유지)
⑦	2015.01.05	RRA 신제품으로 실적 회복 예상	-	-

통신대란 우려 현실로, 통신장비 산업에 봄이 온다

2011년 스마트폰 판매가 급증하면서 이동통신사에서는 데이터 트래픽을 처리하기 위해 고심을 거듭하고 있는 상황이었다. 일각에서는 트래픽 폭증으로 인한 통신대란을 우려하는 목소리가 높아졌다. 실제 삼성동과 강남역 일대에 통화불능 사태가 일어나기도 했다. 이에 따라 이통 3사는 트래픽 분산 정책 마련이 시급해졌고, LTE 조기투자 등 인프라 구축에 예산을 확대하기로 결정했다. 이는 2007년 도입된 3G 투자 이후 다시 오는 빅사이클로 불황을 이어가던 통신장비 업체에는 단비와 같은 소식이었다. 이들 통신장비 업체들 가운데서도 초소형 기지국 RRH(Remote Radio Head)과 관련된 제품을 생산하는 케이엠더블유, 에이스테크, 웨이브일렉트로닉스 업체가 수혜를 받을 것으로 예상되었다. 무선인터넷 산업을 주제로 보고서를 작성하게 된 이유다.

스마트폰 보급 확대 → 통신시장 트래픽 과부하 → LTE 조기투자로 이어져

2011년 당시 전세계 이동통신 시장은 3G 서비스 위주로 형성되어 있었다. 스마트폰 보급 확대로 데이터 트래픽이 급증하면서 각국의 이동통신사들은 4G LTE 투자를 준비하고 있었다. 국내에서는 2011년말 KT가 가장 먼저 LTE 설비 투자에 나섰다. 당시 일본 및 미국의 이동통신 시장은 데이터 수익이 전체 매출의 30%를 초과할 정도로 우리나라보다

우리나라의 이동통신사별 LTE 투자 계획

구 분	4G 개시	장비업체 선정	투자규모
SKT	2011년 말	1차 선정(4개사) 삼성전자, LG에릭슨 노키아지멘스, 알카텔루슨트	3조원
KT	2012년	시행 예정	1조 6,7.00억원
LGU+	2011년 중순	선정 완료(3개사) 삼성전자, LG에릭슨 노키아지멘스	1조 2,000억원

빠르게 트래픽 과부하를 경험하고 있었다. 그럼에도 불구하고 4G 설비 투자는 더디게 이뤄지고 있었는데 우리나라는 무선인터넷 헤게모니 다툼으로 LTE 투자가 당초 계획 보다 2년이나 앞당겨 진행되었다. 당연히 세계 최초로 LTE를 상용화한 나라가 되었다.

수출 비중이 80%에 달하는 글로벌 통신장비 업체 케이엠더블유

동사는 1991년 설립된 이동통신 기지국용 부품, 장비 전문 제조업체로서 네트워크 장비 분야의 핵심기술을 바탕으로 이동통신 시장 확대와 함께 성장을 거듭해왔다. 다른 통신장비 업체들과 달리 동사는 전체 매출의 80%가량을 해외로 공급하는 수출기업으로 에릭슨, 알카텔루슨

글로벌 모바일 트래픽 추이(단위 : TB/Month)

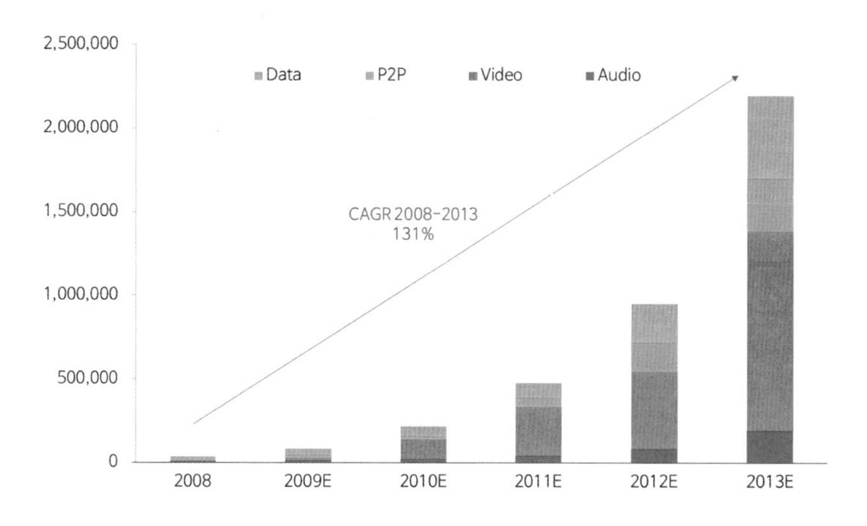

트, 파워웨이브, KDDI, NTT Docomo, 차이나유니콤, Sprint 등 다양한 해외 거래처를 확보하고 있었다.

리포트를 발간한 2012년 1월 16일 당시, 나는 2012년과 2013년에 글로벌 LTE 설비투자가 가장 많을 것으로 전망했다. 이에 따라 2011년에 적자를 기록한 동사에겐 턴어라운드 기회로 작용될 것이 확실시되었다. 실제 동사는 2012년 턴어라운드를 넘어 300억 원 규모의 영업이익을 기록하며 어닝서프라이즈를 달성했고, 2013년도에도 고성장을 이어갔다. 특히 2012년 하반기 미국 이동통신사업자 Sprint가 일본의 Softbank에 인수되면서 투자재원이 확충됨에 따라 미국시장에서 본격적인 LTE 장비 투자가 진행될 수 있겠다고 예상했었다. 동사는 Sprint의 장비 공급업체로 직접적인 수혜가 기대되었다.

재무제표 요약 및 수정 주가 추이

연도	매출액(억원)	영업이익(억원)	영업이익률(%)	당기순이익(억원)	당기순이익률(%)	ROE(%)
2006	973	148	15.2	160	16.5	54.9
2007	1,270	256	20.1	269	21.2	52.1
2008	1,189	207	17.4	-139	-11.7	-24.1
2009	793	7	0.9	-64	-8.1	-12.8
2010	1,185	77	6.5	-15	-1.2	-2.9
2011	1,510	-151	-10.0	-346	-22.9	-109.4
2012	2,925	417	14.2	375	12.8	122.1
2013	3,179	435	13.7	399	12.6	59.2
2014	2,107	-189	-9.0	-125	-5.9	-13.3
2015	2,198	-449	-20.4	-478	-21.8	-59.2

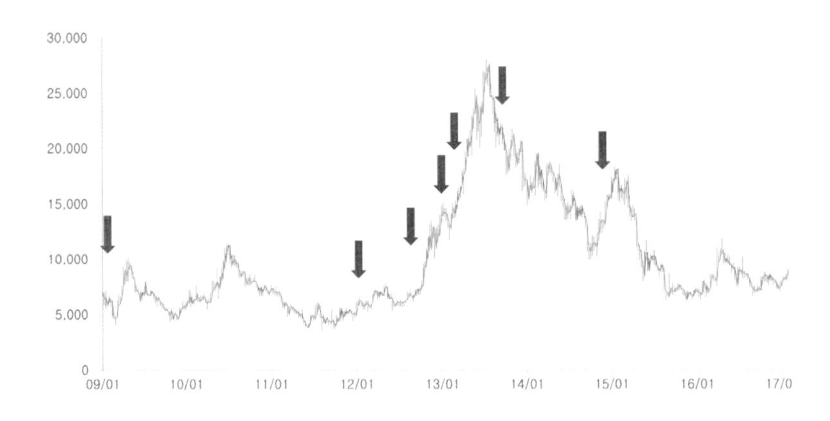

통신장비 업체의 성장성은 통신기술의 발달 사이클과 연동된다. 2012~2013년에는 LTE 투자로, 2018~2019년에는 5G 투자로 재도약이 기대된다.

FPCB 산업

인터플렉스(051370, KQ) : 'Value Trap에서 탈출 가능할 전망'

밸류트랩(value trap)이란 주가수익비율(PER)이나 주가순자산비율(PBR) 등이 낮아 매력적인 저평가 종목으로 판단해 주식을 매입했으나 주가가 오르지 않는 것을 뜻하는 금융 시사용어다. 이 정도 수준이면 너무 싸다 생각해서 매수했지만 주가가 오르지 않거나 오히려 떨어지게 되었을 때 해당 투자자들을 향해 '밸류트랩에 빠졌다'고 한다.

2009년 11월 30일 FPCB 산업에 대한 보고서를 발간했다. 2008년까지 FPCB 업체들은 대부분 적자를 기록하고 있었다. 그래서인지 주가도 계속 하락해 투자자 사이에서 관심을 받지 못했다. 당시 나는 인터플렉스를 비롯해 플렉스컴, 비에이치, 뉴프렉스 등 FPCB 업체에 주기적으로 탐방을 다니면서 흑자전환 시기를 모색했다. 삼성전자에서 스마트폰 출시가 본격화되면서 FPCB 업체들은 성수기를 맞았는데 2009년부터 실적이 급증하기 시작했다.

인터플렉스는 2008년 영업손실 5억 원을 기록했지만 2009년에는 영업이익 244억 원을 달성하며 턴어라운드에 성공했다. 2010년 307억 원, 2011년 404억 원, 2012년에는 465억 원의 영업이익을 거뒀다. 수익개선과 함께 주가 또한 2012년 7월 7만 7,000원까지 상승했다. 보고서 발간 당시 주가는 6,200원에 불과했다.

인터플렉스 주가 추이

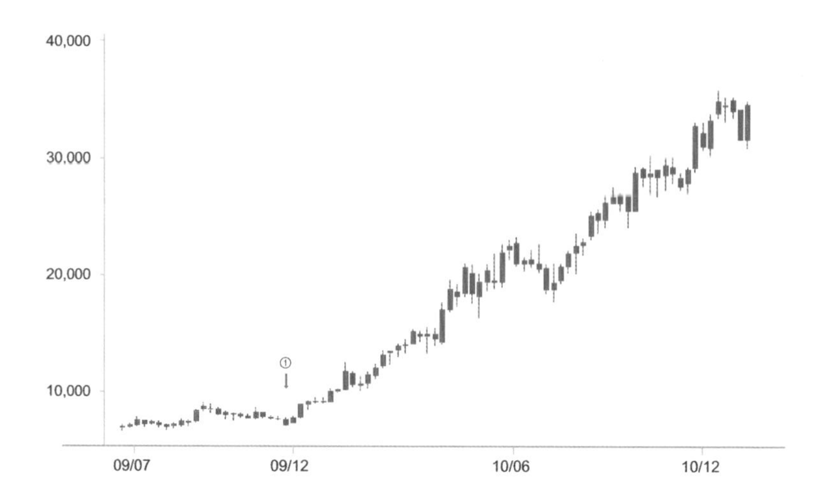

리포트 발간 일지

No.	날짜	리포트 제목	목표주가(원)	투자의견
1.	2009.11.30	LCD TV 부품 공급으로 더욱 기대되는 내년 실적	11,000	BUY(신규)

스마트폰 보급 확대로 FPCB 수요 급증 예상

2010년 휴대폰 시장변화에서 가장 주목해야 할 점이 바로 스마트폰 시장의 급성장이었다. 스마트폰이 혁신에 혁신을 거듭하면서 고도화된 기능 구현을 위해 스마트폰 부품 업체들도 진화가 필요했다. 특히 스마트폰이 갈수록 얇아지고, 가벼워지면서 PCB(Printed Circuit Board, 회로기판)에 변화가 불가피했다.

이에 따라 PCB가 FPCB(Flexible PCB, 연성회로기판)로 변화하기 시작했다. 당시 FPCB는 기존 PCB에 비해 2~3배가량 비싼 가격에 판매되는 고부가가치 제품으로 수요 증가에 따른 수익성 개선이 기대되었다. 게다가 당시 LCD TV에도 FPCB 부품의 채택률이 높아지고 있어 추가적인 성장 확대까지 예상되었다. 지금 FPCB라고 하면 모르는 사람이 없지만 내가 2009년말에 FPCB 산업 리포트가 발간될 당시만 하더라도 모르는 투자자들이 태반이었다.

국내 FPCB 시장 점유율 1위 업체 인터플렉스

동사는 휴대폰용 FPCB 제조 전문기업으로 2003년 코스닥에 상장되었다. 2009년 당시 동사의 고객사는 대부분 삼성계열로 삼성향 매출비중이 70% 수준을 차지하고 있었다. 단일 고객사에 대한 매출집중은 전방업체의 업황에 영향을 많이 받는다. 동사는 삼성의 모바일 사업 부진과 단가인하 압력으로 2007년까지 대규모 적자를 이어오다가 2008년 3분기 소폭 흑자로 돌아섰다. 2009년부터는 본격적인 실적 턴어라운드가 가능할 것으로 전망되었다. 삼성전자에서 옴니아 스마트폰 시리즈를 출시하면서 FPCB 수요가 급격히 증가했기 때문이었다. 여기에 동사는 모토로라 등으로 해외시장 진출을 시도하고 있어 추가적인 매출처 확보가 예상되었다. 이에 따라 동사의 실적 성장세가 지속될 수 있을 것이라 예상해 FPCB 산업의 Top-pick으로 제시했다.

전방산업 호황으로 FPCB 업계 실적 개선 전망

2009년말 FPCB 산업 보고서를 발간할 당시 국내 관련 상장업체는 인터플렉스를 비롯해 플렉스컴, 비에이치, 뉴프렉스 등이 있었다. 이들 업체들 모두 2008년까지 적자를 기록하고 있었지만 2009년 전방산업인 스마트폰, LCD TV, 자동차 전장 등에서 FPCB 탑재율이 높아지면서 성장기에 진입할 것으로 예상됐다. 모든 FPCB 업체들이 2012년까지 놀라

국내 FPCB 시장 규모 및 성장률 추이(단위 : 조 원, %)

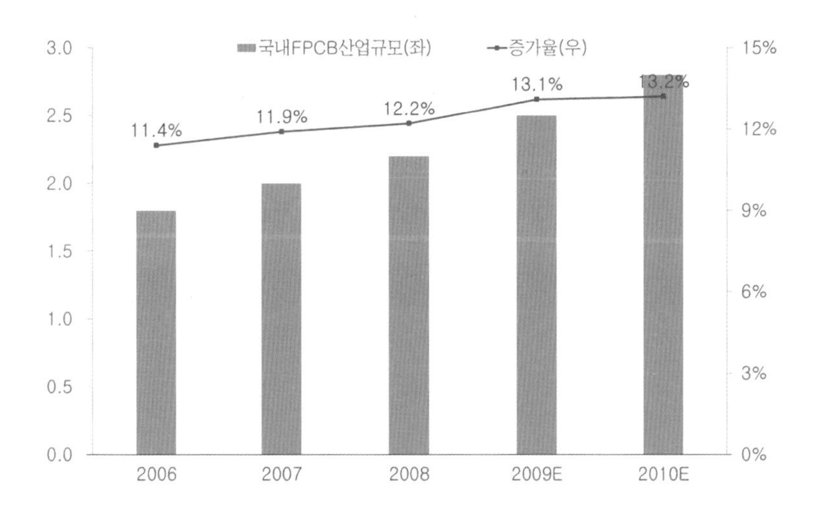

휴대폰 세그먼트별 비중 전망(단위 : %)

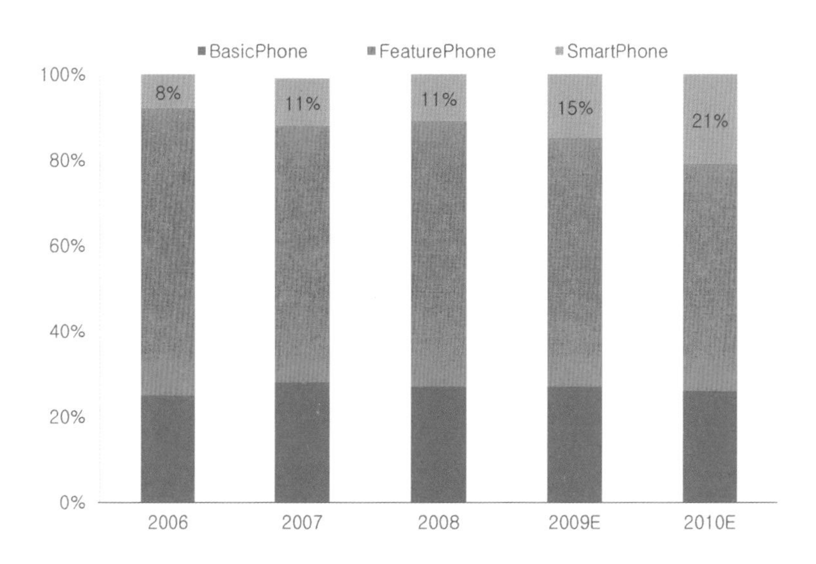

운 실적 성장세를 기록했다. 특히 인터플렉스의 경우에는 보고서 발간 당시 시가총액이 763억 원에서 2012년 9월 1조 원까지 3년여 동안 13배가량 상승하는 기염을 토했다.

FPCB 종목별 Valuation 및 주요 지표 정리

구 분	인터플렉스	플렉스컴	비에이치	뉴프렉스
상장여부	O	O	O	X
투자의견	BUY	BUY	BUY	Not Rated
Code	051370	065270	090460	085670
시가총액(억원)	763	520	384	356
주가 (2009/11/27)	6,200	5,560	3,750	3,005
목표주가(원)	11,000	8,300	5,800	N/A
괴리율(%)	77.4%	49.3%	54.7%	N/A

재무제표 요약 및 수정 주가 추이

연 도	매출액(억원)	영업이익 (억원)	영업이익률(%)	당기순이익 (억원)	당기순이익률 (%)	ROE(%)
2006	2,033	-69	-3.4	-73	-3.6	-6.1
2007	1,919	-199	-10.4	-160	-8.4	-15.0
2008	2,538	20	0.8	8	0.3	0.8
2009	2,795	161	5.8	224	8.0	19.9
2010	4,192	310	7.4	317	7.6	22.8
2011	5,177	404	7.8	311	6.0	15.4
2012	7,654	465	6.1	544	7.1	19.8
2013	9,911	1	0.0	-7	-0.1	-0.2
2014	6,428	-917	-14.3	-588	-9.1	-17.3
2015	5,295	-848	-16.0	-827	-15.6	-29.5

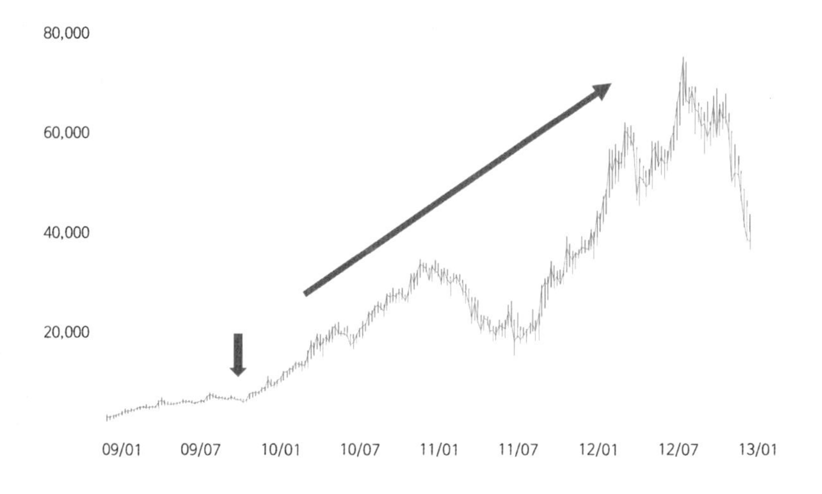

FPCB 시장은 스마트폰뿐만 아니라 TV, 자동차 분야에도 확대 적용되면서 놀라운 성장세를 기록했다. 하지만 무리한 생산설비 확장과 삼성전자 스마트폰의 판매량 감소로 2013년부터 침체기를 겪기도 했다.

Part 4

성취

멀찍이 서서 기쁨을 만끽하라

당신 스스로에게 물어보라. 주식투자를 하면서 언제 가장 기뻤는가? 주식을 매수하자마자 급등했을 때? 의미 있게 사놓은 종목이 우상향의 차트를 그리며 올라갈 때? 아니면 지난 모임에서 만난 지인들에게 괜찮다고 사보라고 이야기해준 종목의 수익률이 높아져서 고맙다는 연락을 받았을 때?

그렇다면 바카라를 하면서 가장 기뻤을 때는 언제였는가? 큰 베팅에 성공했을 때? 아니면 자신이 원하던 카드를 받았을 때? 딜러가 8을 오픈했는데, 내가 9를 만들었을 때? 1이나 2같은 작은 숫자로 상대를 이겼을 때? 타이나 페어를 맞췄을 때?

카지노에서 빅벳에 성공했을 때의 그 기쁨과 희열은 말로 표현하지 못한다. 하지만 그 느낌에 취해 베팅을 계속 높여가다 보면 결국 초라한 수준의 칩만이 남아 있을 것이다. 심각한 일부 겜블러는 더 큰 쾌락을 얻기 위해 베팅을 높이다가 그만 게임에 중독되어 버린다.

우리는 모든 것을 끝냈을 때 기뻐할 줄 알아야 한다. 많은 사람들이 너무 '순간'에 사로잡힌다. 쾌락만을 좇는다. 우리가 카지노를 통해 기뻐해야 하는 순간은 게임을 마무리하고 모든 칩을 돈으로 바꿔 비행기에 탔을 때여야 한다. 돌아가는 비행기 안에서 기뻐하라. 여행이 끝나지 않은 상황에서 미리 승리에 취하면 다시 테이블에 앉게 되고, 한 판 두 판 지게 되면 결국 본전에 가까워서야 게임을 멈출 수 있다. 본전이라도 찾으면 그나마 다행이다.

주식투자를 하면서 행복을 즐겨야 하는 순간은 한껏 부푼 자신의 증권계좌 잔고를 확인할 때가 아니다. 계좌의 주식들을 모두 현금화시킨 후 본인이 목표한 자산 수준에 도달했을 때, 그때 비로소 기뻐할 수 있는 것이다. 소소한 목표를 설정해 달성하고 기뻐하는 과정을 반복하라. 시계를 새로 사든, 차를 바꾸든 자기 자신에게 선물을 주는 것도 방법 중 하나다. 또 이런 기쁨은 함께 나누는 것이 좋다. 부모님께 용돈을 넉넉히 드린다거나, 가족에게 멋진 선물을 하는 것이다. 가족들과 친한 지인들에게까지 그 혜택이 돌아갈 정도가 되면 주위에서 당신을 더 응원하게 될 것이다.

주식투자는 평생 하는 것으로, 본인이 당초 생각했던 목표는 성취할수록 커지게 마련이다. 그렇다고 앞만 보고 달리는 경주마가 되어서는 안 된다. 더 높은 목표를 향해 나아가기 위해 잠시 쉬어가는 지혜도 필요하다. 수익을 많이 내고 자신이 목표했던 수준의 자산이 모였으면 일단 주식시장에서 멀리 떨어져보라. 당신이 많이 벌었다면 이제 하락장이 올 확률이 높다는 것이고 그 하락장을 시장 밖에서 지켜보면 많은 기회가 열릴 것이다.

주식투자를 전문으로 하는 투자자들이 가장 못하는 것이 바로 현금을 들고 있는 일이다. 겜블을 하면서 빅벳의 찬스가 매번 오는 것이 아닌 것처럼, 그동안의 주식투자를 복기하면서 현금을 들고 상승장이 오길 기다리자.

다른 분야에서 자신을 증명하라

내가 10여 년간 여의도 생활을 하며 친하게 지낸 투자자 중에 주식투자로 성공해 이 바닥을 떠난 지인들이 몇몇 있다. 그중 한 분은 엔터테인먼트 사업을 접고 5, 6년 전 주식시장에 들어와서 알 만한 업체 몇 곳을 매매하고 떠나더니 2017년 코스닥 업체 하나를 인수해 지금 상장사 대표이사가 되었다. 또 다른 분은 오랫동안 재야의 방송 전문가로 활동하시다가 주력 종목 몇 개를 연달아 히트 치면서 업계를 떠나게 되었고, 지금은 화장품 업체의 사장으로 제2의 인생을 살고 있다. 다른 한 분은 내가 유화증권에 입사한지 얼마 되지 않았을 때 만난 개인투자자로 이미 그 당시 큰 자산을 가지고 있었는데, 몇 년 전부터 주식시장은 이제 지겹다고 입버릇처럼 말씀하시더니 최근 부동산 시행사업에 도전하고 있다.

이처럼 남부러울 것 없는 자산가들이 새로운 시장에 뛰어드는 이유가 도대체 무엇일까? 이들은 주식투자를 하면서도 자신의 다음 스텝에 대해서 철저히 준비해 온 것이다. 이들은 풍부한 자산을 바탕으로 어떠한 일이든 남들보다 우월한 위치에서 시작할 수 있다. 당연히 그들의 도전은 성공 확률이 높을 것이다. 게다가 이 자산가들은 이미 세상 모든 탐욕의 집합소인 주식시장에서 성공한 사람들이기 때문에 아마도 다른 분야에 적응도 수월할 것이다.

아무나 새로운 시장에 도전하면 안 된다. 그것은 무모한 일이다. 도전이라는 단어는 사람의 마음을 무겁게 하는 의미를 내포하고 있다. 누군가 어떤 일에 도전한다고 하는 것은 자신이 언더독(underdog)의 입장에 있다고 말하는 것과 같다. 이는 시작도 하기 전에 이미 질 확률이 높다는 것을 의미한다. 이렇게 시작해서는 안 된다.

도(道)라는 것은 하나로 통하는 면이 있어 어느 분야에서든 성공을 맛본 사람은 다른 분야에서도 목표한 바를 이루기 위해 최선의 노력을 다할 것이다. 주식투자, 카지노로 돈을 벌었다고 만족해선 안 된다. 그러면 그냥 돈만 많은 졸부가 되는 것이다. 풍부한 자산과 경험, 인적 네트워크를 활용해 새로운 분야에 뛰어들어야 한다. 새로운 시장을 공부하고, 새로운 사람들과 어울리고, 새로운 환경에서 자신을 다시 증명해야 한다.

주위를 둘러보라

치열하게 살아왔던 나는 어떤 모습이었나! 치열하게 살아오지 않았다면 지금 이 자리까지 올 수 있었겠는가. 바쁘게 살다 보면 보면 봄이 왔는지도, 한 해가 이렇게 빨리 지나갔는지도, 아이들이 이렇게 컸는지도 모르고 지나간다. 등산을 하다 보면 체력에 부담을 느끼기 시작할 때부터는 앞사람의 등이나 땅만 보고 걷게 된다. 어쩌다 힘에 부쳐 쉬고자 하면 비로소 주위 풍경이 눈에 들어온다.

반면 인생에서 주위를 둘러보는 시간은 정상에 올라서 해야 의미가 있다. 인생의 목표에 도달하기 전까지 자신을 한없이 채찍질하며 주위를 둘러보는 여유 따위는 잠시 잊어야 한다. 모든 영화에서도 그렇듯 우여곡절을 겪은 주인공이 인생을 되돌아 보는 장면은 가장 마지막 부분에 나온다. 대다수의 관객들이 이런 스토리를 원한다. 그럼에도 그들 자신의 인생은 그렇게 가열하게 살지 않는다. 반성해야 할 일이다.

봄이 왔는지도 날씨가 더워졌는지도 모르게, 심지어는 자식들이 얼마나 자랐는지도 모를 정도로 자신의 일에 포커스를 맞춰야 한다. 가족들의 희생이 필요한 일이다. 큰 성과는 자신의 열정, 주위의 희생, 그리고 시간이 만든다. 그래서 성공한 사람일수록 가족에게 더욱 애틋한 마음을 가지고 있는 것이다.

주위를 둘러보는 일은 자신의 성공을 확인하는 것과 같다. 나를 위해 희생을 아끼지 않았던 가족들을 돌보자. 부모님은 연로하셨고, 아내는 이제 아줌마가 다 됐다. 아이들은 생각보다 빨리 큰다. 너무 늦지 않도록 해야 한다. 세월은 우리를 기다려주지 않고 무심히 흘러간다.

성공을 이뤘으면 이제 행복을 찾아야 한다. 인생에서 행복은 나눔과 베풂으로 찾을 수 있다. 사마천의 《사기》 〈화식열전(貨殖列傳)〉에 범려(范蠡)라는 인물이 등장하는데 이 사람은 19년에 걸쳐 세 번이나 천금을 모았다고 전해진다. 그중 두 번은 모은 재산을 가난한 이들에게 모두 나눠주었다고 한다. 이를 들어 사마천은 "군자가 부유해지면 즐겨 그 덕을 행하고, 소인이 부유해지면 그 힘을 휘두르려 한다"고 말한다. 범여가 세 번이나 천금을 모을 수 있었던 것은 나눔과 베풂을 몸소 실천했기 때문일 것이다.

누가 뭐라 해도 부자는 선망의 대상이다. 부자가 될 수 있는 기회를 주겠다는데 굳이 마다할 사람은 분명 없을 것이다. 하지만 모두가 부러워하는 부자라고 해서 반드시 행복하고 존경받는 것은 아니다. 특히 '사촌이 땅을 사도 배 아파하는' 우리 사회에는 부자에 대한 부러움 만큼이나 시기와 질투를 일삼는 반(反) 부자정서 또한 매우 강하다. 여유가 생겼다면 주위를 둘러보자. 가족으로부터 시작된 행복은 사회와 이웃에 대한 배려로 더욱 크게 완성될 것이다.

가진 것을 지켜라

때 이른 성공은 가끔 독이 될 때가 있다. 특히 기복이 심한 주식시장이나 카지노에서 돈을 벌었을 때는 더욱 그렇다. 지나친 자신감이 무리한 투자나 무모한 베팅으로 이어지지 않도록 경계해야 한다.

'이 정도면 됐다' 할 때가 있다. 그 수준에서 멈춰서 현금을 가지고 있어야 한다. 주식시장이 좋다고 아쉬워하지 말고 현금화하자. 카지노에서 돈을 좀 땄다고 그림 좋은 테이블을 찾아 나서지 말자. 현금을 가지고 있으면 기회는 알아서 찾아온다. 멀찍이 떨어져서 성공을 즐기자. 절대로 조급해하지 말라. 지금 쉬는 것은 뒤처지는 것이 아니라 특급열차를 기다리고 있는 것과 같다. 분명히 상승장 끝엔 하락장이 오고, 플레이어 줄이 계속 이어진다는 생각이 팽배할 때부터 언제 그랬냐는 듯 뱅커가 나오기 시작한다. 하락장이 온다는 것, 분위기가 바뀐다는 것은 현금을 가지고 있는 사람에게 확률 높은 기회로 작용한다.

《성경》〈요한묵시록〉 2장의 일부 내용을 다음과 같이 첨부한다. '나는 네가 한 일을, 너의 사랑과 믿음과 봉사와 인내를 안다. 또 요즈음에는 처음보다 더 많은 일을 한다는 것도 안다. 그러나 너에게 나무랄 것이 있다. 너는 이제벨이라는 여자를 용인하고 있다. 그 여자는 예언자로 자처하면서, 내 종들을 잘못 가르치고 속여 불륜을 저지르게 하고 우상에게 바친 제물을 먹게 한다. 내가 그에게 회개할 시간을 주었지만, 그는 자기 불륜을 회개하려고 하지 않는다. 보라. 내가 그를 병상에 던져 버리겠다. 그와 간음하는 자들도 그와 함께 저지르는 소행을 회개하지 않으면, 큰 환난 속으로 던져 버리겠다. 그리고 그의 자녀들을 죽음으로 몰아넣겠다. 그리하여 내가 사람의 속과 마음을 꿰뚫어 본다는 것을 모든 교회가 알게 될 것이다. 나는 너희가 한 일에 따라 각자에게 갚아 주겠다. 그러나 티아티라에 있는 너희 나머지 사람들, 곧 그러한 가르침을 받아들이지 않고 그들이 말하는 사탄의 깊은 비밀을 알려고도 하지 않은 이들에게 나는 말한다. 너희에게는 다른 짐을 지우지 않겠다. 다만 내가 갈 때까지 너희가 가진 것을 굳게 지켜라. 승리하는 사람, 내일을 끝까지 지키는 사람에게는 민족들을 다스리는 권한을 주겠다. 그리하여 옹기 그릇들을 바수듯이 그는 쇠지팡이로 그들을 다스릴 것이다. 내가 내 아버지에게서 받았듯이 그 사람도 나에게서 받는 것이라. 나는 또 그에게 샛별을 주겠다.'

이제벨에게 빠지지 말고 기회가 올 때까지 가진 것을 굳게 지키자. 그럼 샛별과 같은 놀라운 성공이 당신 앞에 기다리고 있을 것이다.

비밀을 가져라

미카엘 크로게루스(Mikael Krogerus)와 로만 채펠러(Roman Tsc-ppeler)가 쓴 《I am》이라는 책에 이런 내용이 있다. '나만의 비밀을 가져라. 비밀이 없으면 평범해진다. 비밀이 많으면 신비로우며 남과 차별되고 특별해진다. 가까운 연인 사이에도 비밀이 있어야 한다. 이성에게는 신비로운 비밀이 있어야 더 끌리게 된다. 너무 정직하게 모든 것을 밝히지 마라. 연예인도 비밀이 있어야 매력적이다. 비밀 없는 스타는 평범하다.'

선의의 거짓말이란 것이 있듯이 비밀에서도 긍정적인 의미를 찾을 수 있다. 내가 어릴 적 아버지가 감춰둔 비상금에 가족 모두가 행복해했던 기억이 난다. 아버지의 비상금이 얼마나 오래 그 자리에 보관되어 있었는지 모르겠으나 적잖은 액수의 금액을 그곳에 두고 몰래 확인하며 아버지 본인은 얼마나 즐거우셨을까. 결국 어머니와 내가 그 비상금을 발견하면서 서랍장 구석에 있던 그 돈은 아버지의 마지막 보루로써 임무를 다했지만 말이다.

비밀을 갖는 것은 나쁜 것이 아니다. 사랑하는 사람에게 연주해 주기 위해서 몰래 피아노를 배우고, 자기계발을 위해서 동기들 몰래 영어학원에 다니는 비밀은 적극 권장할 만하다. 성공한 사람일수록 이런 긍정적인 비밀이 많아야 한다. 특히 남을 돕고, 봉사하고, 기부하는 일은 비밀일수록 더 많은 사람들에게 알려져 동참을 이끌어 낸다.

물론 비밀에는 부정적인 의미가 많은 것이 사실이다. 몇 해 전 당시 검찰총장의 혼외자 문제로 세간이 떠들썩한 적이 있었다. 당시 검찰총장이었던 그는 국정원의 불법 선거 개입 사건을 지휘하고, 4대강 비리까지 건드리면서 청와대와 마찰이 있었다고 알려졌다. 프랑스처럼 개인의 사생활과 공직을 엄격히 분리하는 것이 세계적인 추세이긴 하지만 우리나라의 정서상 혼외자식이 있다는 것은 분명 잘못된 일이 아닐 수 없다.

그럼에도 성공한 사람일수록 비밀을 가져야 한다. 이미 많은 사람들의 시선이 당신을 향하고 있기 때문이다. 많은 명인들이 성공 비법에 대해 강의한다. 자신이 목표한 바를 확실히 설정하고 열정을 갖고 부단히 노력하라는 뻔한 내용이다. 하지만 청중들은 어떻게 누구나 아는 저런 방법으로 명인의 자리에 설 수 있었는지에 의문을 품는다. 대다수의 청중들은 그 명인이 밝히지 않은 자신만의 특별한 비법이 분명히 있을 것이라 믿는다. 그것이 대중을 이끄는 힘이 된다.

적당한 비밀로 평소에 신비감을 주는 사람이 되어 있으면 주식투자를 하는 데도 도움이 된다. 주식은 파는 사람보다 더 많은 사람들이 사고자 하면 오르는 것으로, 자신의 논리가 시장에서 먹히게 되면 주가는 반응하게 되어 있다. 누군가는 자신이 솔직한 사람이고, 같이 모임을 하는 지인들에게 신뢰감을 주기 위해 자신이 보유하고 있는 주식의 평균단가가 얼마고, 몇 주를 가지고 있다고 얘기하곤 하는데, 이는 잘못된 판단이다. 이런 정보들은 신뢰감을 주기 보다는 신비감을 떨어트려 듣는 사람들의 십중팔구는 매수에 참여하지 않게 된다. 주식도 사람도 비밀스러운 면이 있어야 한다.

또 다른 나를 만들어라

성공의 영속성을 확보하기 위해서는 다른 무엇보다 다음의 두 가지가 준비되어 있어야 한다. 첫째는 확고한 시스템을 구축하는 것이고, 다른 하나는 자신의 분신(分身)과 같은 후계자를 양성하는 것이다.

대다수의 조직이나 기업에서는 시스템 구축에 많은 투자를 한다. 시스템은 리더를 포함한 구성원 개개인의 약점이나 한계를 커버하는 수단으로 인간의 변덕이나 임의가 초래할 수 있는 위험을 효과적으로 관리한다. 하지만 아무리 훌륭한 시스템을 구축했다 하더라도 개인의 의사결정이 필요한 분야가 있기 마련이다. 특히 주식투자와 카지노 겜블에서는 당사자의 판단이 모든 것을 결정한다.

그렇다고 평생 동안 본인이 직접 의사결정을 계속할 수는 없는 노릇이다. 세상에 영원한 것이 없듯이 자신이 성공했던 투자방식은 점차 구시대의 유물로 전락할 것이고 진화를 거듭하지 않으면 현재의 자산을 지키기도 힘들어질 것이다. 그래서 미리부터 준비해 두어야 할 것이 바로 후계자를 찾는 일이다.

자신의 일을 대신할 수 있는 사람을 찾는 것은 상당히 중요하다. 버크셔 해서웨이의 워런 버핏, 소프트뱅크의 손정의, 인도 타타그룹의 라탄 타타(Ratan Tata) 회장. 이들의 공통 관심사가 바로 자신을 이을 후계자를 세우는 일이다.

버핏은 자신의 장기인 장기투자를 유지할 수 있는 인재상의 기준으로 다음의 네 가지를 제시했다. 우선 독립적인 사고방식을 갖춰야 한다. 둘째, 위기를 인식하는 능력과 그것을 회피할 수 있는 능력이 있어야 한다. 셋째, 감정적으로 안정적이어야 하며, 넷째, 인간과 주변상황에 대한 예민한 통찰력을 갖춘 인물이어야 한다.

인도 최대 자동차 업체인 타타 모터스와 세계 7위 제철업체인 타타 스틸 등 100여 개 회사를 거느린 타타그룹의 후계자 선정 기준은 '청렴해야 하며, 타타가 우선적으로 생각하는 가치를 존중하는 인재여야 한다'는 것이다. 이처럼 버핏과 타타 회장의 인재상은 똑똑하고 뛰어난 인재보다는 기업의 가치와 비전에 맞는 인재를 고르는 데 고심하는 모습이다.

그런데 인재를 고르는 것을 넘어 육성하는 기업도 있다. 바로 손정의 회장의 소프트뱅크다. 손 회장은 자신을 이을 인재를 약 10여 년의 시간을 두고 키우는 후계자 양성 프로젝트에 들어갔다. 장기적으로 소프트뱅크의 미래를 이끌어 나갈 차세대 리더들을 양성하는 데 목적이 있다.

손 회장은 의사결정과 판단력은 단기간에 쌓을 수 없는 것으로 인식하고 자신이 가진 노하우와 지식을 지속적으로 교육할 심산이다.

자신이 성공한 크기에 따라 후계구도는 신중해질 수밖에 없다. '십년지계 막여수목, 종신지계 막여수인(十年之計 莫如樹木, 終身之計 莫如樹人)'이라는 말이 있다. 십 년의 계획은 나무를 심는 것만큼 좋은 것이 없고, 평생의 계획은 사람을 키우는 것만큼 좋은 것이 없다는 뜻이다. 장기간의 안목을 가지고 자신과 같은 분신을 길러내야 한다. 이것이야 말로 자신의 성과를 지키고 발전시켜 나가는 가장 중요한 일이 아닐 수 없다.

은퇴를 설계하라

은퇴설계란 기본적으로 노후를 대비하는 것이다. 연금이나 부동산 수익 등으로 안정적인 소득을 확보하고, 내 집 마련을 통해 은퇴 후 경제활동으로 인한 수입이 없더라도 주거를 위한 비용부담이 최소화되어야 한다. 또한 보험가입 등을 통해 질병이나 상해 사고에 대한 치료와 간호 서비스를 받을 수 있도록 준비되어 있어야 한다. 하지만 이런 것들은 성공한 사람의 입장에서는 고민조차 되지 않는 당연한 것이다. 그럼 성공한 사람의 은퇴설계는 어떤 항목으로 채워져야 할지 생각해보자.

우선은 가족이 있어야 한다. 우리 주위에 많은 자산가들이 업무에 집중하면서 40대가 되었는데도 아직까지 결혼을 미루고 있다. '모든 것은 때가 있다'는 어른들의 말씀처럼 더 늦기 전에 자기 짝을 찾는 노력이 필요하다. 결혼을 하는 가장 중요한 이유는 2세를 위함이다. 그래서 훌륭한 엄마, 아빠가 되어줄 수 있는 배우자를 선택하는 것이 가장 우선시 되어야 한다.

그런데 최근에는 결혼을 하더라도 아이가 생기지 않는 불임 또한 문제다. '지성(至誠)이면 감천(感天)'이라고 하지만 아무리 노력을 해도 생기지 않는 부부들이 의외로 많다. 성공하기 위해 치열하게 살아왔지만 정작 성공 후에 가족이 완성되지 못한다면 그런 큰 불행이 또 있을까 싶다. 요즘 젊은 부부들은 신혼을 즐기고 여유가 생기면 아이를 갖겠다고 하는데, 막상 가족계획을 시작하려다 보면 점점 늦춰지게 된다. 자식은 하늘이 내려준다고 하는 것처럼 자연스러운 가족계획이 바람직하다. 만약 당신에게 아이가 있다면 성공한 사람의 은퇴설계에서 가장 중요한 일을 미리 마무리 지은 것으로 볼 수 있다.

둘째는 취미를 갖는 것이다. 자수성가해서 성공한 사람이라면 젊은 시절 성공을 위해 일과 사업에만 몰두했을 것이 뻔하다. 이제는 즐길 시간과 여유가 있다. 하지만 주위를 살펴보면 마땅히 어울릴 수 있는 친구들이 부족하다. 그렇다고 아무도 모르는 동호회나 여타의 커뮤니티에 참여하기도 불편하다.

그래서 미리미리 자신이 관심 있는 분야가 어디인지, 어떤 것을 오랫동안 할 수 있을지, 또 함께 취미생활을 할만한 사람들을 어디서 만날 수 있는지 알아둘 필요가 있다. 그리고 바쁜 시간을 쪼개서라도 되도록 자주 참여하는 것이 좋다. 특히 젊어서부터 오랫동안 함께해 온 동호회는 좋은 안식처가 된다. 지금까지 열심히 살아온 자신의 모습을 알아봐 주는 동료가 있는 동호회라면 그 어떤 곳보다 허물없이 지낼 수 있고,

자신이 살아온 인생을 인정받을 수 있기에 그 모임 자체가 나중에 자신의 역사가 된다.

마지막으로 은퇴설계에 필요한 것은 소양을 쌓는 일이다. 소양을 쌓기 위해서는 배움의 자세가 필요하다. 애널리스트로 일하면서 중소형사 임원이나 대표이사들과 어울릴 기회가 많았는데, 회사를 매각하거나 은퇴한 이후 그들의 삶을 살펴보면 대부분 무언가를 배운다는 공통점이 있었다. 영어와 중국어 등 어학공부에 빠진 사람, 컴퓨터 코딩 교육을 받는 사람, 석사나 박사과정에 진학하는 사람, 요리나 악기를 배우는 사람 등 다양하다.

자신의 힘으로 일가를 이룬 사람들의 인품은 이미 완성형이라고 해도 과언이 아니다. 큰 성공 뒤에는 그와 함께했던 동료들이 있을 것이고 후원자들도 많을 것이기 때문이다. 앞서 이야기한 바와 같이 큰 성과는 본인만의 힘으로 이룰 수 없기에 어찌 보면 당연한 일이다. 하지만 훌륭한 인품을 지니고 있는 것과 소양을 갖추는 것은 다르다. 돈은 있지만 소양이 부족하면 존경받지 못하는 졸부가 될 수 있기 때문이다.

오늘날 우리 사회는 너무 물질만능주의에 빠져 있다. 우리나라에서 중산층의 조건이라 하면 '연봉 얼마 이상', '외제차 소유', '몇 평짜리 아파트' 등이 떠오른다. 반면 영국의 경우 중산층의 조건이란 '페어플레이할 것', '자신의 주장과 신념을 가질 것', '나만의 독선을 지니지 말 것', '약자를 두둔하고 강자에 대응할 것', '불의와 불평과 불법에 의연히 대처할 것' 등이다. 미국의 중산층 기준도 영국과 거의 유사한데 '테이블 위에 정기적으로 받아보는 비평지가 놓여 있을 것'이라는 항목이 추가되어 있다.

프랑스의 기준은 조금 다르다. 우선 '남들과 다른 맛을 낼 수 있는 별미 요리를 만들어 손님접대를 할 수 있을 것', '자기가 좋아하는 악기와 스포츠를 한 가지 이상 가질 것', '외국어를 하나 이상 능숙하게 구사하고 폭넓은 세계관을 가질 것' 등이 꼽히고 '사회봉사단체에 참여하여 열심히 활동하는 것'도 포함하고 있다. 남들이 부러워하는 자산가가 되었다면, 이제 소양 쌓기를 통해 정신적인 풍요로움을 더욱 소중한 가치로 삼는 사람이 되었으면 한다.

죽음을 받아들여라

한림대 철학과 오진탁 교수는 죽음과 관련해 우리 모두가 분명하게 아는 사실이 네 가지 있다고 말한다. 이는 다음과 같다.

- 첫째, 사람의 평등. 우리는 누구나 죽는다.
- 둘째, 시간의 평등. 우리는 언제든 죽을 수 있다.
- 셋째, 장소의 평등. 우리는 어디서든 죽을 수 있다.
- 넷째, 불확실성의 평등. 누가 언제 어디서 어떻게 죽을지는 아직 정해져 있지 않다.

이와 같이 우리는 죽음 앞에서 평등한 존재다. 누구나 위와 같은 조건에서 죽음을 맞이하지만, 사람마다 그 마지막 모습은 모두 다르다. 또한 오 교수는 죽어가는 사람의 모습을 일곱 가지 유형으로 나눌 수 있다고 말한다. '두려움 혹은 절망', '부정', '분노', '삶의 마무리', '우울', '순응',

'희망 혹은 밝은 죽음'이 바로 그것이다. 대부분의 사람들이 죽음을 두려움과 절망으로 여긴다. 그래서 삶에 집착하는 것인지도 모른다. 하지만 몇몇은 죽음을 수용해 가족과 사회에 남겨질 자신의 마지막 모습이 희망과 밝은 미소로 매듭지어질 수 있도록 노력한다.

우리는 모두 죽는다. 나는 초등학교 고학년에 들어가면서부터 죽음에 대한 공포를 느끼기 시작했다. 심지어 부모님께 '왜 저를 낳으셨느냐'고 물어볼 때도 많았다. 단지 내가 언제가 죽게 되는 존재라는 생각 자체가 무서웠다. 중학교에 들어 서양철학을 배우면서 죽음에 대한 공포는 더욱 극에 달했다. 죽음에 대해 떠올리면 그 공포 때문에 울음이 터지기도 했었다. 나이가 들어서도 TV 등 매체를 통해 시한부 인생을 살고 있는 사람의 모습을 보면 이루 말할 수 없는 두려움을 느낀다.

성공한 사람일수록 가진 것과 지킬 것이 많아서인지 삶에 대한 집착이 간절할 수밖에 없다. 삼성전자 이건희 회장만 봐도 2014년 5월부터 와병 중임에도 아직까지 치료 중이라고 하는 것을 보면 삶에 대한 의지가 누구보다 강하다고 볼 수 있다.

하지만 결국 우리는 모두 죽는다. 그렇기 때문에 미리 죽음에 대한 준비를 해 두어야 한다. 상속이나 증여 같은 재무적인 문제를 해결해 두는 것도 중요하지만 자신의 삶이 가족에게 온전히 전달되고 그 가치가 가족을 통해 사회로 퍼질 수 있도록 해야 한다. 성공한 많은 사람들이 복지재단, 장학재단 등을 설립해 기부에 나서는 것도 같은 맥락이라 하겠다.

내가 죽는 바로 그 순간에는 좋든 싫든 자신의 진정한 모습이 드러난다. 그런 의미로 성공한 삶의 완성이 바로 죽음이라 볼 수도 있겠다. 죽음의 순간에 비로소 자신의 존재가치가 남김없이 드러나기 때문이다. 멋진 마무리를 위해서 하루하루를 헛되이 보내지 말자.

스마트카드 산업

코나아이(052400, KQ) : '스마트카드 진화가 가져오는 생활패턴의 변화'

2010년 7월 12일 스마트카드 분야에 대한 산업분석 보고서를 발간했다. 해당 보고서에는 코나아이(舊 케이비티)를 비롯해 유비벨록스, 솔라시아가 포함되었다. 이들 스마트카드 업체들은 기존 마그네틱 카드가 IC카드로 변화하면서 안정적인 성장세를 이어가고 있었다. 여기에 3G 서비스 확산으로 SK텔레콤, KT, LG유플러스 등 이동통신 사업자들이 USIM 카드를 도입하게 된 것 또한, 추가적인 성장 모멘텀으로 판단되었다.

이 중 코나아이는 안정적인 국내 시장 성장에 안주하지 않고 해외 시장 진출을 모색했다. 태국, 인도 등의 전자주민증 공급계약 체결로 고성장이 기대되었다. 2010년 3월부터 1년 동안 총 다섯 차례 보고서 발간을 통해 동사가 저평가되어 있다고 알렸다. 운용사에 세일즈도 많이 다녔다. 하지만 보고서 발간 후 1년여 동안 주가는 횡보하는 모습을 보였다.

동사의 실적은 예상치를 상회했다. 2009년 영업이익 82억 원에서 2010년에는 80%가량 성장하며 147억 원을 기록했다. 실적 성장세가 바탕이 되면서 동사의 주가는 상승세에 진입했다. 1만 원 부근에서 움직이던 주가는 3년여 만에 4만 원까지 올랐다. 2015년에는 NFC(Near Field Communication, 근거리 무선통신) USIM에 대한 시장 확대 기대감이 고조되면서 5만 원을 돌파했다.

코나아이 주가 추이

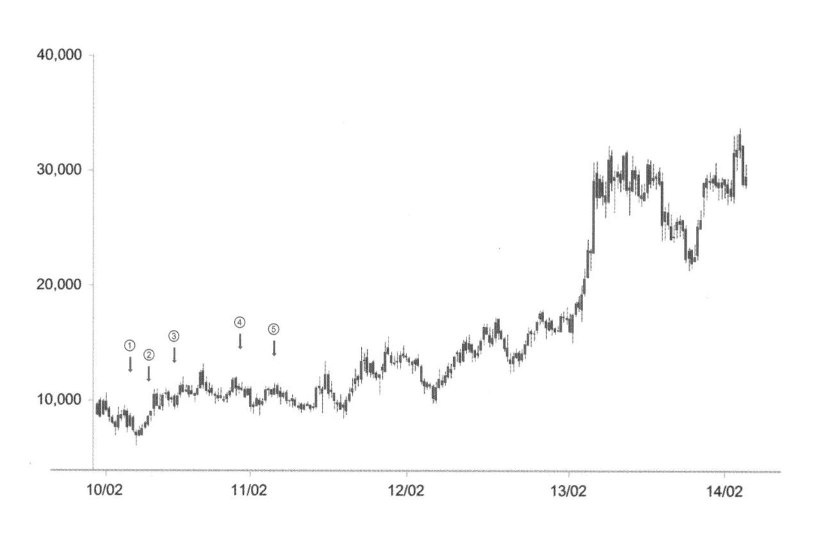

리포트 발간 일지

No.	날짜	리포트 제목	목표주가(원)	투자의견
①	2010.03.02	USIM으로 스마트폰에 마법을 걸다	19,500	StrongBuy (신규)
②	2010.03.17	교통카드 해킹에 따른 보안강화로 수혜 예상	19,500	BUY(유지)
③	2010.07.12	전자 주민증 도입의 직접적인 수혜 가능할 전망	19,500	BUY(유지)
④	2011.01.17	NFC USIM 세계 첫 상용화로 수혜 전망	20,000	BUY(유지)
⑤	2011.02.14	KT모바일 결제 서비스 도입으로 수혜 전망	20,000	BUY(유지)

스마트카드 산업 적용분야 다양화로 지속 성장

스마트카드는 마이크로프로세서, 카드운영체제, 보안모듈, 메모리 등을 갖춘 IC Chip이 탑재된 카드를 의미한다. 스마트카드에서 특정 기능을 수행하기 위해서는 반드시 Chip 운영을 위한 자체 OS가 필요하다. 이를 COS(Chip Operating System)라 하는데 사업자가 가진 기술력의 잣대가 된다.

2010년 기준 전세계 스마트카드 시장은 8조 원 규모로 통신 USIM 65%, 금융 IC카드 17%, 전자주민증을 비롯한 공공 기타 시장 18%로 구성되어 있었다. 글로벌 사업자로는 조 단위 매출을 기록하고 있는 4개 업체 Gemalto, Oberthur, Sagem-Orga, Giesecke&Devrient가 글로벌 M/S(Market Share, 시장점유율) 80% 이상을 점유하고, 중국의 Watchdata와 국내 업체 등이 나머지 부문을 차지하고 있었다. 유럽 4개사가 과점하고 있는 수출시장은 진입장벽이 높았지만, 해외 레퍼런스가 한 번만 쌓이게 되면 수주규모가 급격히 확대되는 특징이 있었다. 코나아이(舊 케이비티)는 2008년과 2009년 세계 1위의 스마트카드 업체인 프랑스의 Gemalto와 경쟁해 태국 전자주민증 사업 수주에 성공하며 글로벌 M/S를 확대하고 있는 상황이었다. 본격적인 성장이 임박해 재평가가 필요하다고 판단했다.

국내외 주요 스마트카드 업계 현황

해외업체	COS	OS	Chip 조달업체	Card 제조업체	주요 사업분야 및 공급업체
글로벌 TOP 4	Gemalto, Oberthur, G&D, agem Orga				통신, 금융, 교통, 공공카드
신규업체	워치데이타(중국), 로고스(덴마크)				통신카드
국내업체 (상장)					
	케이비테크놀러지(052400)	JAVA	NXP(네덜란드) 삼성전자	바이오스마트(038460) JDC(자회사 지분 출자 49%) 이너렉스	USIM : KT(50%) 금융, 교통(하이패스, 30%) 공공카드
	솔라시아(070300)	JAVA	삼성전자		USIM : SKT(65%), KT(50%)
	유비벨록스(089850)	JAVA MULTOS Native	STM(스위스) NXP(네덜란드)	SF(싱가폴, 가공) dzCard(태국, 제조) 바이오스마트(038460)	USIM : SKT(35%) 금융,교통(하이패스,70%)카드 모바일 및 임베디드 S/W
국내업체 (비상장)					
	임포트러스트				시내교통카드(50%)
	코아게이트	JAVA		dzCard (태국,제조)	시내교통카드(50%),공인인증

코나아이, 국내 시장점유율 1위의 스마트카드 솔루션 사업자

동사는 1998년 3월에 설립된 스마트카드 관련 Total Solution 업체로써, 2001년 10월 코스닥에 상장되었다. 동사는 자체 개발한 스마트 카드 Chip 운영체제 'KONA' COS를 기반으로 금융IC Chip 카드, 이동통신용 USIM, 후불 하이패스, 전자 보건증, 전자여권, 전자주민증 등의 사업을 전개하고 있었다. 또한 동사는 태국, 인도, 러시아 등 세계 각국의 스마트카드 규격 인증을 통하여 해외 공공, 금융, 통신사업에도 진출하고 있었다. 동사는 설립초기 교통카드 시스템 개발을 통한 공공사업 진출을 시작으로 금융, 통신 분야로 사업영역을 확대해가는 중이었다. 2010

년 당시 동사는 국내 금융IC 카드 시장에서 70% 이상을 점유하고 있었으며, 통신 분야에서도 KT 내 USIM 공급 1위 업체로 점유율 70%가량을 차지하고 있었다.

NFC USIM으로 스마트폰에 마법을 걸다

2010년까지 동사의 해외매출 대부분은 전자주민증 수주를 통한 공공시장과 IC카드 공급을 통한 금융시장 진출이었다. 하지만 2011년초 NFC USIM을 세계 최초로 상용화하면서 해외 통신시장 진출이 가능할 것으로 판단했다. 그동안 글로벌 업체들도 NFC USIM 개발에 힘써 왔으나 아직까지 시범사업에 그치고 있어 동사에 대한 시장의 관심이 고조되고 있었다. 통신사, 휴대폰 제조사 등 다양한 사업자들이 NFC 시장 활성화를 선언하고 있는 상황에서 NFC USIM 상용화가 향후 동사의 실적 개선에 긍정적인 영향을 미칠 것으로 예상되었다. 이에 따라 동사를 스마트카드 업계의 Top-Pick으로 제시하게 되었다.

재무제표 요약 및 수정 주가 추이

연 도	매출액(억원)	영업이익(억원)	영업이익률(%)	당기순이익(억원)	당기순이익률(%)	ROE(%)
2006	189	12	6.6	15	7.8	11.7
2007	326	18	5.6	31	9.5	18.9
2008	701	93	13.2	75	10.7	32.7
2009	648	82	12.6	95	14.6	27.2
2010	851	170	20.0	111	13.0	21.4
2011	1,353	270	19.9	286	21.2	38.5
2012	1,381	252	18.2	189	13.7	19.3
2013	1,718	257	15.0	214	12.4	17.3
2014	2,142	298	13.9	260	12.1	16.3
2015	2,167	361	16.7	292	13.5	15.0

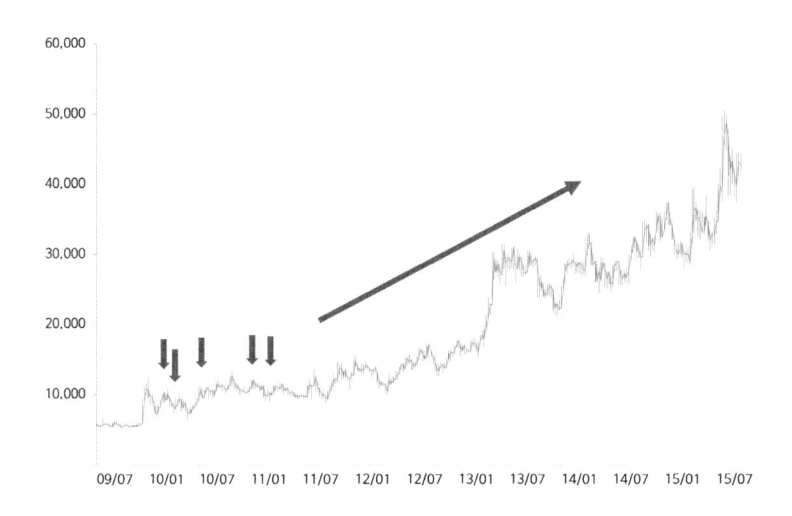

USIM 적용 분야의 확대와 성공적인 해외시장 진출로 주가 상승세를 이어갔다. 커버리지 당시 1만 원 수준에서 움직이던 주가가 2015년 5만 원을 돌파했다.

자전거 산업

알톤스포츠(123750, KQ) : '글로벌 8조 원 전기자전거 시장에 첫 발 내딛다'

2012년 4월 이명박 정부의 4대강 국토종주 자전거길 개통 행사를 앞두고, 자전거 분야의 산업 보고서를 발간했다. 전국적인 자전거 도로 확충으로 삼천리자전거, 참좋은레져, 알톤스포츠 등 자전거 유통 업체들에 관심이 고조될 것으로 판단했다. 이 중 알톤스포츠는 일반 자전거뿐 아니라 전기자전거를 함께 생산하고 있었다. 탐방을 갔다가 전기자전거를 한 대 구입해서 타봤는데, 속도도 빠른데다 힘도 별로 들지 않아 출퇴근용으로 유용하겠다 생각했다.

당시만 하더라도 전기자전거에 대한 인식이 거의 없던 상황이라 보고서를 발간하고 투자자들을 초청해 전기자전거 시승식도 가졌다. 많은 투자자들이 신선해하긴 했지만 주가 움직임은 그다지 신통치 않았다. 동사의 주가는 1년 반 동안 박스권 움직임을 보이다가 2014년초부터 본격적으로 상승하기 시작했다. 전기자전거가 유행하면서 판매량이 늘었고 실적 또한 2013년 영업이익 34억 원에서 2014년 85억 원으로 급성장하며 이를 뒷받침했다.

알톤스포츠 주가 추이

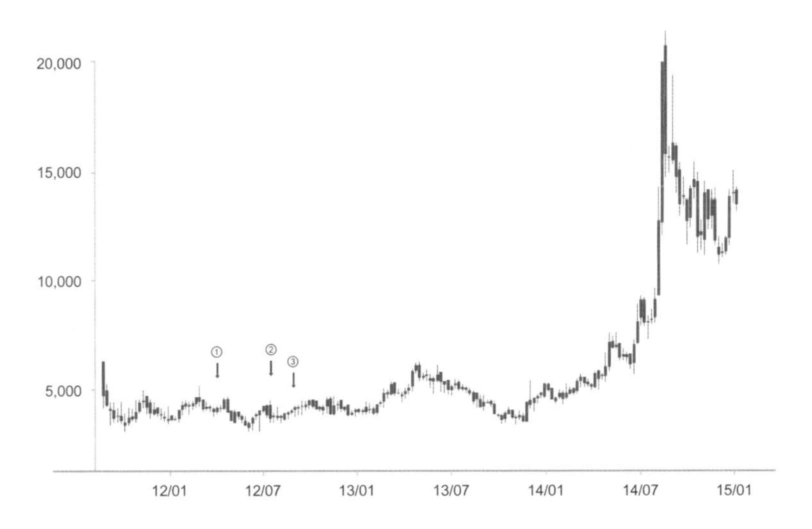

리포트 발간 일지

No.	날짜	리포트 제목	목표주가(원)	투자의견
①	2012.04.19	4대강 국토종주 자전거길 개통으로 관심고조 전망	-	-
②	2012.07.16	전기자전거 시장 진출로 신규 성장동력 마련	-	-
③	2012.08.02	글로벌 8조원 전기자전거 시장에 첫발을 내딛다	-	-

4대강 국토종주 자전거길 개통

내가 자전거 산업에 주목하게 된 이유는 2012년 4월 22일 '대한민국 자전거 대축전'이 예정되어 있었기 때문이다. 이번 행사는 자전거 축전과 4대강 국토종주 자전거길 통합 개통 행사, 국제 도로 사이클인 'Tour de Korea'가 함께 열려 그 어느 때보다 성대하게 열릴 예정이었다. 또한 당시 정부의 무리한 4대강 사업 추진으로 어수선한 시국에 인천에서 부산까지 자전거로 갈 수 있는 국토종주 자전거길 개통을 적극 홍보하며 국민 건강 증진과 레저산업 저변 확대라는 돌파구 마련이 가능할 것으로 판단했다. 실제로 행정안전부, 문화체육관광부, 국토해양부가 공동으로 주최하고, 전국 10개 지역에서 지방국토관리청과 지자체가 주관하며, 국민체육진흥공단과 대한자전거연맹(舊 대한사이클연맹)이 후원하는 2012년도 정부 최대 행사 중 하나로 자전거 산업 부흥에 긍정적인 영향을 미쳤다.

자전거도로 인프라 확대로 자전거 보급률 급성장 전망

국내 자전거 시장은 IMF, 금융위기 때를 제외하고 매년 10~13% 정도의 안정적인 성장을 지속해오고 있었다. 2011년 200만 대 규모가 판매되었던 국내 자전거 시장은 4대강 유역 자전거길 개통에 따른 레저 인구 확대, 유가 급등, 지자체 공용자전거 투자 증대, 고가 자전거 판매량 증가, 전용도로 인프라 확충 등으로 2012년 전년대비 30% 이상 급증할 것으로 예상되었다. 당시 국내 보급형 자전거 시장은 삼천리자전거 45%, 알톤스포츠 25%, 기타 중소업체가 30%가량을 점유하고 있었다.

국내 자전거 판매량 추이 및 전망(단위 : 만 대)

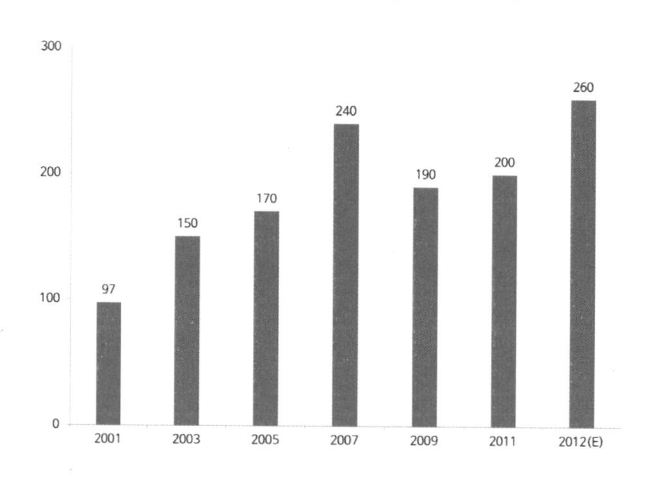

자전거 수입액과 휘발유 가격 추이 (단위 : 천 달러, 원)

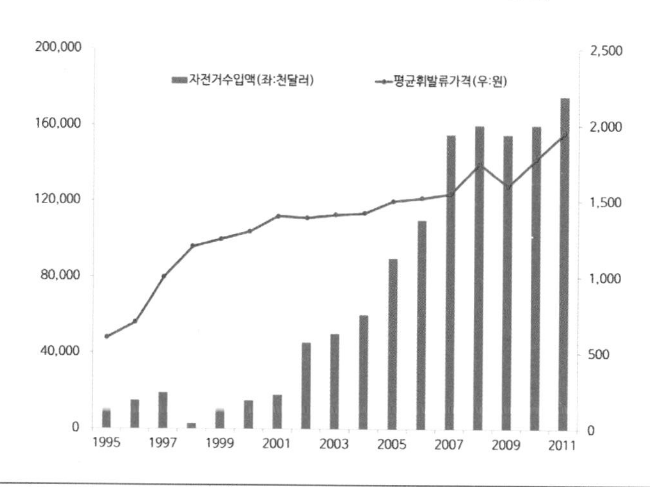

알톤스포츠, 전기자전거 출시로 성장 모멘텀 확보

동사는 삼천리 등 국내 여타의 자전거 업체들과 달리 중국 현지에 자회사를 설립해 설계부터 생산까지 일원화된 제조 라인을 구축하고 있었다. 각각의 장단점이 있는데 ODM 생산의 경우 대규모 설비투자 비용을 줄일 수 있으나, 상대적으로 디자인 대응력이나 납기 등의 순발력이 떨어질 수 있다. 자체 공장 생산의 경우에는 비용에서 고정비가 차지하는 비중이 높으나, 디자인 등에 대응력이 확대될 수 있는 장점을 가지고 있다.

당시 고가형 자전거 판매 비중이 확대되고 있어 디자인과 납기에 경쟁력이 있는 동사에 주목하게 되었다. 여기에 전기자전거 모델 라인업이 확충되면서 의미 있는 매출 성장이 가능할 것으로 판단되어 자전거 산업 내 Top-Pick으로 추천하게 되었다. 美 시장조사업체인 Pike Research에 따르면 2012년 글로벌 전기자전거 시장은 8조 원을 기록할 것이며, 2018년에는 13조 원 규모에 이를 것으로 예상했다. 국내 전기자전거 시장 선점으로 동사에 수혜가 전망되었다.

재무제표 요약 및 수정 주가 추이

연도	매출액(억원)	영업이익(억원)	영업이익률(%)	당기순이익(억원)	당기순이익률(%)	ROE(%)
2006	219	6	2.8	8	3.7	16.5
2007	252	23	9.0	14	5.4	22.7
2008	254	15	5.9	-2	-0.6	-2.4
2009	299	26	8.9	22	7.3	17.8
2010	343	31	8.9	32	9.4	14.2
2011	704	54	7.7	17	2.4	5.0
2012	660	40	6.1	37	5.6	8.9
2013	615	34	5.5	26	4.2	5.8
2014	684	85	12.5	63	9.2	12.4
2015	623	-24	-3.9	-36	-5.8	-6.8

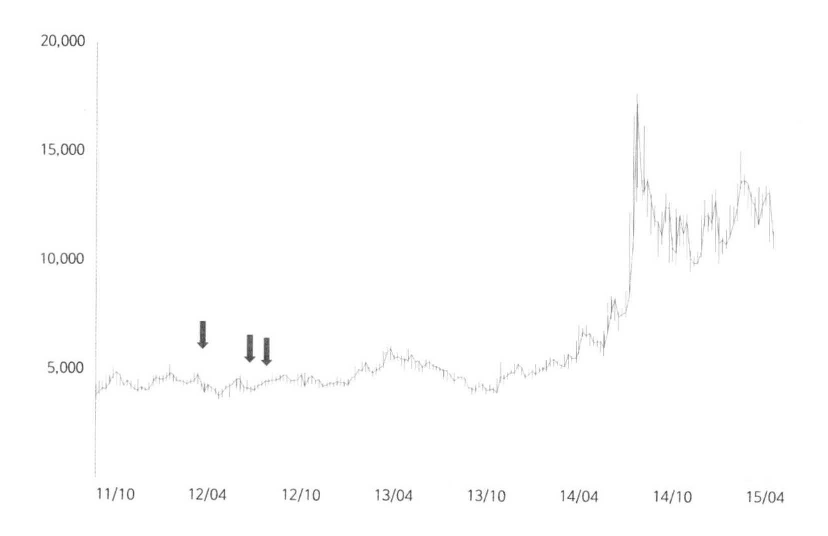

커버리지 이후 주가 본격 상승까지 1년여가량이 소요되었다. 전기자전거 시장의 성장을 너무 앞서서 보았던 면이 없지 않지만 결국 시장은 확대되었다.

원격진료 산업

비트컴퓨터(032850, KQ) : '자가진단 가능한 셀프케어 시대 도래'

2014년 1월 28일 원격진료 분야의 산업 보고서를 발간했다. 박근혜 정부의 적극적인 창조경제 추진으로 그동안 미뤄졌던 원격진료 도입이 가능할 것으로 판단되었다. 원격진료는 정보통신 기술을 이용해 원거리에 있는 환자와 의사간의 의료정보 전달과 의료서비스를 제공하는 모든 활동을 의미하는 것으로 2월 3일에 열리는 임시국회에서 입법 통과에 대한 논의가 있을 것으로 예상되었다.

원격진료가 허용되면 관련 헬스케어 단말기 업체, 통신사, 대형병원 등이 수혜를 받을 것이라는 분석이 많았다. 하지만 나는 의료정보 소프트웨어 업체인 비트컴퓨터, 인피니트헬스케어, 유비케어 등에서 선제적인 인프라 구축에 나서야 하기 때문에 먼저 해당 종목을 주목해야 한다고 당부했다.

특히 비트컴퓨터는 국내 원격진료 인프라 구축에서 핵심적인 역할이 기대되었다. 동사는 이미 교도소, 군부대, 산간벽지 등에 원격진료 시스템을 구축한 다수의 레퍼런스를 확보하고 있었기 때문이었다. 동사의 주가는 첫 산업 보고서 발간 당시 4,100원에서 1년 반 동안 8,130원까지 상승해 98%의 수익률을 기록했다.

비트컴퓨터 주가 추이

리포트 발간 일지

No.	날짜	리포트 제목	목표주가(원)	투자의견
①	2014.01.28	정부 원격진료 적극추진 방침 의료정보 시스템 제공 업체에 최우선 수혜전망	-	-
②	2015.01.05	자가진단 가능한 셀프케어 시대 도래	-	-
③	2015.08.10	원격진료플랫폼으로 진화 중	-	-

정부 원격진료 적극 추진 방침

의사-환자간 원격의료 도입 관련 의료법 개정안이 2014년초 국무회의에 상정됐다. 원격의료가 허용되면 비트컴퓨터, 인피니트헬스케어, 유비케어 등 의료정보 소프트웨어 업체들이 가장 먼저 수혜를 볼 것으로 예상했다. 그 이유는 다음과 같았다. 우선 정부는 6개월간의 시범사업과 공포 후 1년 6개월 간의 유예 기간을 두기로 했는데, 이 기간 중 인프라 구축에 투자가 집중될 것으로 판단했다. 또한 헬스케어 단말기를 통한 혈압, 맥박, 호흡수, 심전도 데이터가 의사에게 정확하게 전달될 수 있도록 병원에서 사용하고 있는 소프트웨어와의 연동이 중요한 과제로 부각될 것으로 예측됐다. 이에 따라 원격진료 시장 확대 시 의료정보 시스템 업체들에 최우선 수혜가 예상되었다.

글로벌 원격의료 시장 급성장 중

웨어러블 기술 성장과 셀프 건강기록 트렌드로 원격의료 시장은 빠른 속도로 확대되고 있다. 글로벌 시장조사업체 IHS테크놀로지에 따르면 세계 원격의료 기기 및 서비스 시장의 매출이 2013년 4.4억 달러에서 2018년에는 45억 달러로 10배 이상 증가할 것으로 예상했다. 시기의 문제지 우리나라도 결국 원격진료 도입이 이뤄질 것으로 전망했다. 의료 혜택 확대에 따른 국민의 건강증진과 경제적인 파급효과가 엄청나기 때문이다. 국내 의료수준은 세계 최고 수준에 도달해 있는 것으로 알려져 있지만 각종 규제들이 의료산업을 통제하고 있어 규제를 완화하고 적극적인 투자가 이뤄진다면 수조 원에 달하는 경제 효과와 고용 창출이 가능할 것으로 기대됐다.

세계 원격의료 환자 수 및 시장 규모(단위 : 백만 달러, 천 명)

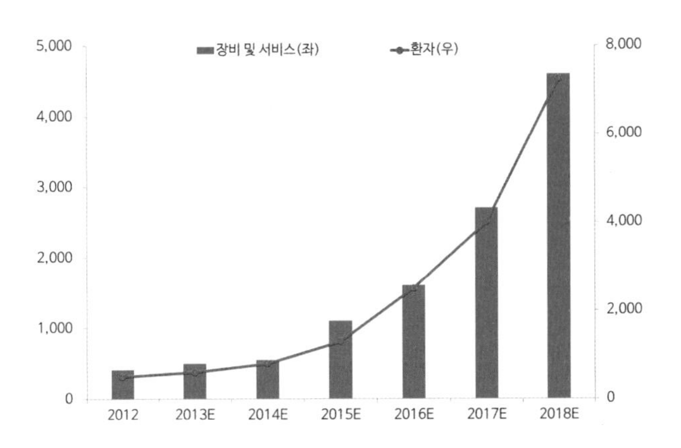

우리나라 65세 인구 및 고령화 지수 (단위 : 만 명, %)

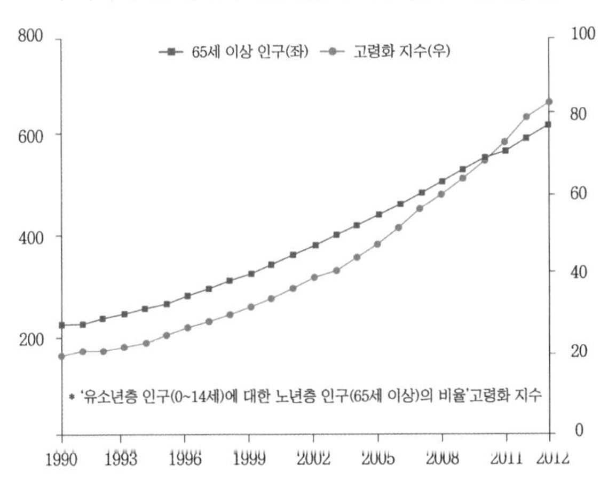

국내 의료정보 시장의 1위 사업자 비트컴퓨터

동사는 1985년 설립된 국내 의료정보 시장의 1위 사업자로 의료정보 소프트웨어 개발, 원격의료 시스템 구축 등을 주력 사업으로 영위하고 있다. 동사의 의료정보 시스템은 한 시장에 특화되어 있는 타 업체의 솔루션과 달리 소규모 약국에서부터 동네 병의원, 중대형 병원, 종합병원 등을 포함하는 '통합' 의료정보시스템을 갖추고 있다는 점이 특징적이다. 관련 업체인 인피니트헬스케어는 3차 의료기관인 중대형 병원을 타겟으로 하고, 유비케어는 1차 의료기관인 동네 병의원을 주력 마켓으로 한다는 점에서 차이가 있다. 동사는 '통합' 의료정보시스템을 제공하고 있어 정부의 원격진료 시스템 구축사업에 주도적으로 참여할 수 있었다. 동사는 2005년부터 국내 140여개 정부, 지자체 등 기관에 원격진료 솔루션을 제공했다. 이에 따라 원격진료 도입이 본격화되면 동사에 대한 관심이 고조될 것으로 판단해 의료정보 소프트웨어 업계의 Top-Pick으로 제시하게 되었다.

의료정보 제공 업체의 타겟 시장

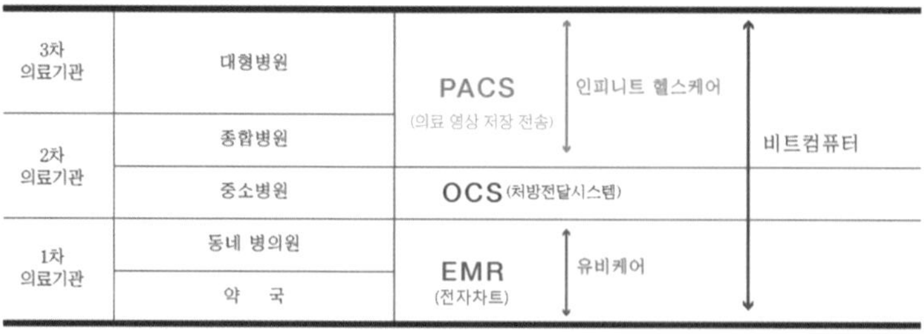

구분	의료기관	시스템	업체	
3차 의료기관	대형병원	PACS (의료 영상 저장 전송)	인피니트 헬스케어	비트컴퓨터
2차 의료기관	종합병원			
	중소병원	OCS(처방전달시스템)		
1차 의료기관	동네 병의원	EMR (전자차트)	유비케어	
	약 국			

재무제표 요약 및 수정 주가 추이

연 도	매출액(억원)	영업이익 (억원)	영업이익률(%)	당기순이익 (억원)	당기순이익률 (%)	ROE(%)
2006	214	-15	-7.2	-37	-17.4	-15.4
2007	266	-9	-3.4	-33	-12.5	-16.0
2008	266	2	0.8	1	0.4	0.5
2009	277	-17	-6.2	48	17.2	22.1
2010	317	20	6.3	43	13.6	16.5
2011	307	15	4.8	27	8.7	8.9
2012	328	13	4.1	4	1.1	1.2
2013	354	13	3.8	-5	-1.3	-1.5
2014	347	26	7.4	13	3.8	4.3
2015	373	50	13.4	46	12.4	13.8

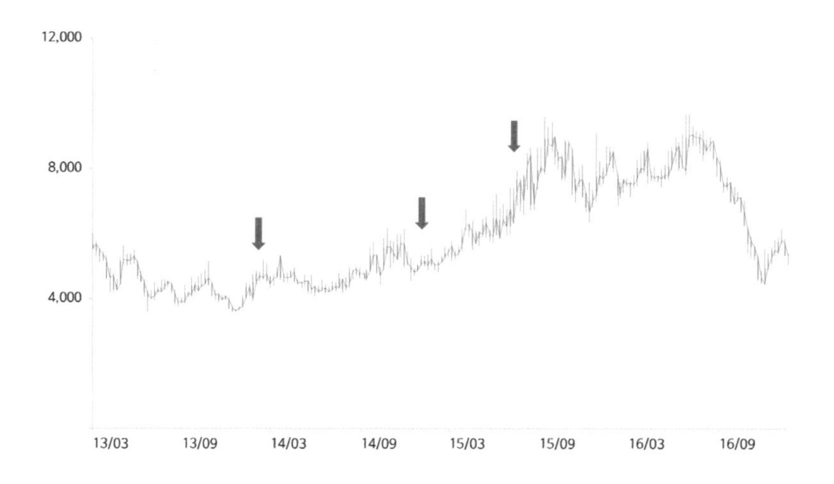

2014년 박근혜 정부에서 원격의료와 관련된 논의가 활발히 진행되었다. 하지만 의료계의 반대로 아직까지 법안체제가 답보 상태에 있다. 그렇지만 결국 원격의료는 시대의 흐름이다. 동사에 대한 꾸준한 관심이 필요하다.

Part 5

국내 유일의 독립리서치

'리서치알음'

제도권 리서치를 대체하다

'리서치알음'은 국내 유일의 독립리서치 업체로 2016년 11월 28일 설립되었다. 독립리서치(IRP, Independent Research Provider)는 증권사에 소속되어 있는 인하우스(In-house) 리서치와 다르게 어떠한 이해관계도 없이 기업이나 산업에 대해 독립적인 시각을 제시하는 기관이다. 금융 선진국인 미국과 유럽을 중심으로 활성화되어 있으며, 300여 개 이상의 업체가 활동하고 있는 것으로 파악되고 있다. 대표적인 회사로는 1949년 설립된 세계 최대의 독립리서치 'BCA리서치'가 있다

지난 2014년 우리나라에서도 해외 성공사례를 표방해 몇몇 독립리서치 업체가 설립되었다. 전 솔로몬투자증권 리서치센터장과 전 신한금융투자 리서치 헤드가 공동 창업한 '올라FN', 전 KTB투자증권 리서치 본부 이사가 설립한 '리타인사이트' 등이 대표적이다

하지만 이들 업체는 소리 소문도 없이 사라졌다. 어떤 이유였는지 확실히 파악되진 않았지만 수익모델의 부재가 주원인이었던 것으로 판단

된다. 당시 '올라FN'은 개인투자자를 상대로 9만 9,000원의 이용료를 받고 서비스를 제공했으며, '리타인사이트'는 법인 고객을 상대로 월 1백만 원의 정보 이용료를 청구했던 것으로 파악됐다. 국내 투자자들 대부분이 리서치 자료는 무료라는 생각을 가지고 있어 유료 형태의 정보 제공에 적극적인 관심을 보이지 않았던 것으로 예측된다.

우리는 이런 사례를 감안해 우선 영향력을 확대하는 것에 초점을 맞췄고, 많은 투자자가 우리 정보를 활용할 수 있도록 지난 2년간 고객들에게 리서치 정보를 무료로 제공했다. 우리 보고서가 돈이 되는 보고서라는 게 뇌리에 각인되면 당연히 리서치알음의 보고서를 먼저 찾게 될 것이므로 유료화를 하더라도 영향력을 확대한 후에 시행하기로 했다.

우리는 그동안 우리의 영향력을 확대하기 위해 부단히 노력했다. 애널리스트, 회계사, 세무사, 기자 등 각 분야의 전문가들을 영입해 웬만한 제도권 리서치센터 이상의 퀄리티 있는 조직을 구성했다. 양질의 보고서를 매주 월요일마다 빠짐없이 발간하고 있으며, 외국계 투자자들을 중소형 스몰캡 시장으로 유인하기 위해 영문 보고서도 함께 발간하고 있다. 그전까지는 어떤 인하우스 리서치에서도 스몰캡 섹터에 대한 영문 보고서를 발간하고 있지 않았다. 또 우리는 매주 한국경제TV, 머니투데이 방송, 채널K 등에 출연해 해당 보고서에 대한 정보를 투자자들에게 설명하고 있으며, 매주 다양한 경제지에 보고서 내용을 수록하고 있다.

이제 중소형 스몰캡 섹터는 제도권에서 커버할 수 있는 영역이 아니다. 이미 많은 스몰캡 애널리스트들이 떠나고 있으며, 증권사 내부에서도 스몰캡에 대한 투자를 줄이고 있는 상황이다. 중소형 증권사들은 아예 스몰캡 섹터가 없는 곳이 허다하며, 대형 증권사에서도 스몰캡을 담당하는 애널리스트는 서넛에 불과하다. 스몰캡을 담당하는 리서치 인력이 축소되면서 당연히 분석자료가 감소하게 되었고, 개인투자자들은 코스닥 업체에 대한 정보가 부족해졌다.

시가총액 기준 보고서 발간 현황

4%

96.1%

■ 보고서가 발간된 기업들의 시가총액 합

■ 보고서가 발간되지 않은 기업들의 시가총액 합

시가총액 구간별 보고서 발간 비율

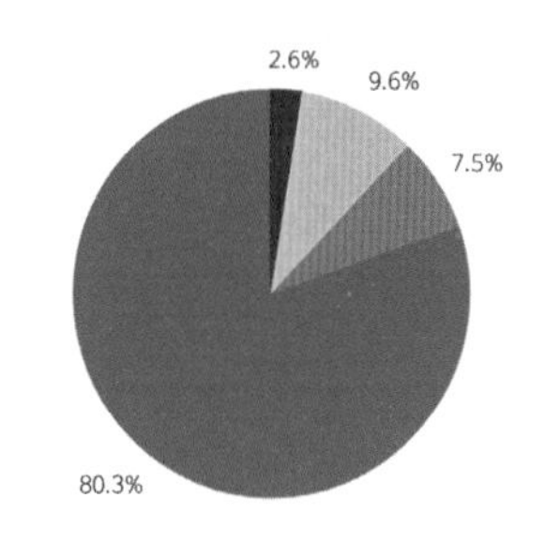

시가총액 구간별 커버리지 현황

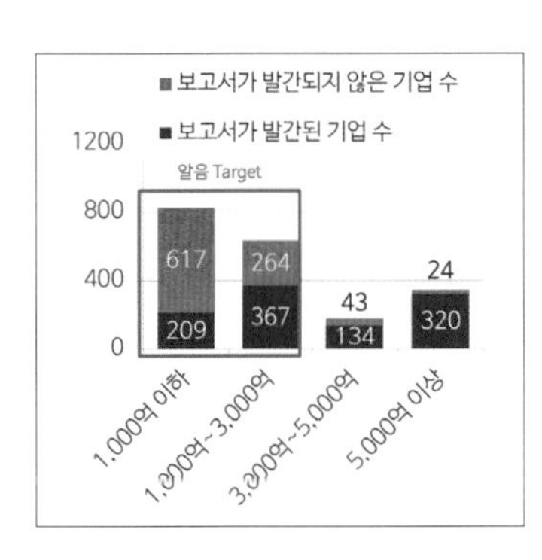

시가총액 구간별 보고서 발간 횟수

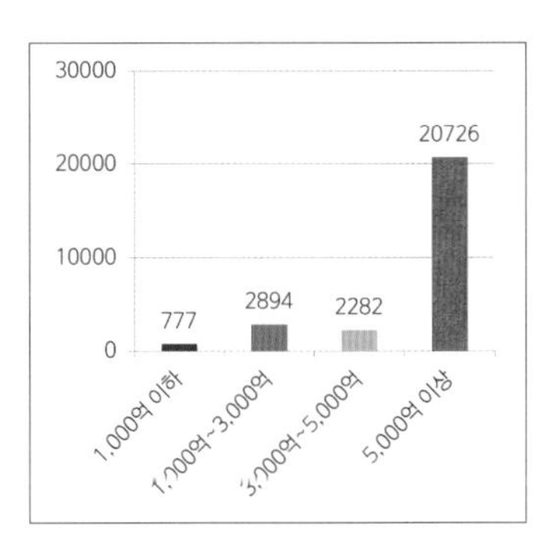

2017년 우리나라 기업 분석 보고서의 현황을 정리해보았다. 2017년에 보고서가 발간된 상장기업의 시가총액 합계는 전체의 96%에 달한다. 이렇게 시가총액을 기준으로 보면 제도권 애널리스트들이 시장의 거의 대부분의 종목을 커버하는 것으로 착각할 수 있다. 하지만 종목 수를 기준으로 살펴보면 전체 2,000여 개의 상장 업체 중에서 절반가량만 애널리스트의 보고서가 발간되고 있는 것이 현실이다. 특히 3,000억 원 이하의 중소형주 종목의 커버리지 비율은 40% 수준으로 더 떨어지며, 1,000억 원 이하 종목의 커버리지 비율은 25%에 불과하다.

'리서치알음'은 이런 중소형주에 대한 정보 부족을 해소하고자 설립되었으며, 저평가된 유망 중소형주를 발굴해 투자자들의 관심을 유도하고 있다. 이렇게 영향력을 점차 확대해 가면 향후에는 제도권 스몰캡 리서치와 대등한 경쟁이 가능할 것으로 판단된다.

철저하게 싼 종목만 판다

우리는 시가총액에 한계를 두지 않고 철저하게 저평가된 종목만을 커버한다. 앞서 '실전편'에서 다루었던 내용인 '빅벳과 장패는 미리 설계했을 때만 값어치가 있다'를 실천하는 것이다. 오랫동안 바닥권을 형성한 소외주 중에서 투자자들이 관심을 가질 만한 이슈가 있는 종목을 선별한다. 중소형 스몰캡 시장에는 아직도 좋은 종목이 많다. 진흙 속의 진주가 빛날 날을 기다리듯이.

하지만 우리는 성장성이 아무리 높더라도 주가가 이미 올라버렸거나, 시장에 다 알려진 내용이라면 과감히 배제한다. 우리만의 새로운 아이디어가 없다면 다른 기관의 손이 탄 종목을 커버리지할 이유가 없기 때문이다.

그래서 우리가 커버하고 있는 해당 종목들의 차트는 대부분 저점(低點)을 기록하고 있다. 앞서 '극복편'에 거론했던 '작은 패로 크게 먹는다'를 실행에 옮기는 것이다. 더 이상 하락할 수 없는 저점에 있는 업체를 공략해 안전마진을 확보하는 것이다. 우리는 이런 업체들 중에서 2~3배 수익률을 기록할 수 있는 종목을 찾는 것에 목적이 있다.

우리는 2017년 2월 20일 서울옥션을 시작으로 2017년 한 해 동안 기업분석 보고서 25편, 산업 및 이슈 보고서 9편을 발간했다. 2017년 리서치알음의 가장 큰 성과는 남북경협주에 대한 긍정적인 시각을 가장 먼저 시장에 알렸다는 것이다. 우리가 당시 제시한 남북경협주 가운데 대아티아이의 주가는 2017년 11월 6일 1,865원에서 5개월 만에 12,800원까지 상승하며 수익률 586%를 기록했다. 이밖에도 동양철관 291%, 제룡전기 286% 등 남북경협주의 상승 폭이 컸다. 또한 기업분석 보고서를 발간한 업체 중에서 제이씨현시스템이 139%, 제이콘텐트리 119%, 셀바스AI가 103% 등으로 수익률이 높게 나타났다.

반면, 미래나노텍, 동아엘텍의 수익률은 3~4%의 저조한 수치를 기록했다. 해당 종목은 투자 아이디어 차원에서 '자회사 상장 시 모회사의 기업가치를 재평가해줘야 한다'는 논리로 접근한 것이었는데, 이미 주가는 자회사의 상장 후 가치까지 포함하고 있었던 것으로 보인다.

이렇게 우리가 제시한 투자 유망종목 중에서는 저조한 수익률을 기록한 사례도 있었다. 하지만 우리가 2017년도 발간한 종목들의 고점 수익률을 평균해 보면 110%라는 엄청난 수치를 기록하고 있다. 2017년은 코스닥 시장이 호황이라 지수가 20%가량 상승한 것을 감안하더라도 놀라운 성과를 거뒀다고 자부한다.

2017년 리서치알음 커버리지 종목 고점 수익률

구분	발간일	기준일 주가	고점 날짜	고점	상승률
대아티아이	2017-11-06	1,865	2018-05-28	12,800	586.3%
코스모화학	2017-05-22	6,200	2018-01-08	35,500	472.6%
동양철관	2017-11-06	1,175	2018-06-18	4,595	291.1%
제룡전기	2017-11-06	5,180	2018-04-16	20,000	286.1%
바이오톡스텍	2017-06-12	6,150	2018-04-16	23,600	283.7%
선도전기	2017-11-06	3,150	2018-04-16	9,330	196.2%
제이씨현시스템	2017-08-21	6,200	2017-12-18	14,800	138.7%
아난티	2017-11-06	5,430	2018-06-18	12,700	133.9%
제이콘텐트리	2017-03-13	3,930	2018-04-16	8,620	119.3%
셀바스AI	2017-11-13	3,680	2018-04-16	7,470	103.0%
이상네트웍스	2017-03-27	7,220	2018-02-12	14,550	101.5%
동성화인텍	2017-10-23	4,850	2018-02-26	9,660	99.2%
켐온	2017-06-12	1,620	2018-04-02	3,200	97.5%
네패스	2017-09-11	9,850	2018-06-25	17,500	77.7%
신성델타테크	2017-05-29	3,475	2018-01-02	5,950	71.2%
라온시큐어	2017-02-27	2,645	2018-01-29	4,470	69.0%
쎄트렉아이	2017-08-28	35,400	2017-12-04	54,000	52.5%
GS글로벌	2017-05-22	3,270	2018-05-08	4,850	48.3%
비에이치아이	2017-10-23	5,390	2018-05-08	7,970	47.9%
인포마크	2017-04-10	19,000	2017-09-04	27,800	46.3%
도이치모터스	2017-05-22	5,250	2018-01-29	7,350	40.0%
한국항공우주	2017-08-28	43,350	2017-10-16	60,600	39.8%
동화기업	2017-12-04	34,700	2018-04-30	44,000	26.8%
디에이피	2017-04-24	4,345	2017-06-19	5,400	24.3%
진도	2017-04-03	5,300	2018-05-14	6,550	23.6%
AP위성	2017-07-17	8,210	2017-07-17	9,430	14.9%
팅크웨어	2017-07-10	11,100	2017-07-24	12,600	13.5%
윈스	2017-03-20	13,800	2018-04-30	15,400	11.6%
LIG넥스원	2017-08-28	78,700	2017-09-04	85,100	8.1%
아이마켓코리아	2017-05-22	13,600	2017-06-12	14,700	8.1%
동아엘텍	2017-09-04	19,350	2017-09-04	20,150	4.1%
미래나노텍	2017-09-04	5,720	2017-12-04	5,890	3.0%
평균					110.6%

2018년에 들어서는 10월 중순까지 기업분석 보고서 24편, 산업 및 이슈 보고서 15편을 발간했다. 2018년 리서치알음의 가장 큰 성과는 남북경협주에 대한 긍정적인 시각을 유지하는 한편, 바이오 · 제약 업체에 대한 투자에 유의할 것을 당부했다는 것이다. 바이오 · 제약 업체의 연구개발비

이슈, 금융당국의 테마감리 지정 등으로 추가적인 주가 상승이 어려울 것으로 판단했다.

또한 미 · 중 간의 무역전쟁으로 국제 농수산물 가격이 하락할 것을 예상해 원재료 비용감소로 수혜가 기대되는 사조해표와 샘표식품에 대한 기업분석 보고시를 빌간했다. 해딩 입세는 미 · 중 간의 무역전쟁 수혜주로 거론되며 시장에 뜨거운 반응을 불러일으켰다. 이밖에 제이씨케미칼의 경우에도 문재인 정부의 친환경 정책에 적합한 기업으로 판단했는데, 실제 바이오중유 전면 보급을 위한 시행규칙 개정안이 입법 예고되면서 정책 수혜를 기대해 볼 수 있게 되었다. 2018년 기업분석 보고서를 통해 커버하기 시작한 업체 중 가장 높은 수익률을 기록한 곳은 비츠로시스다. 지난 2월 보고서 발간 후 3개월 만에 150%의 상승세를 기록했다. 다스코, 도화엔지니어링의 수익률도 100%를 넘기며 뒤를 이었다.

반면, 저조한 수익률을 기록한 종목도 있다. 2018년 월드컵, 아시안게임 등 스포츠 이벤트가 많아 국내 농축산물 가격 상승을 예상했다. 이에 따라 대표적인 양계 업체인 동우팜투테이블, 돈육 업체인 팜스토리에 관심이 높아질 것으로 판단했다. 그러나 해당 업체들의 영업실적은 국내 닭고기와 돼지고기의 공급과잉 상태가 지속되면서 역성장을 기록했고 주가도 하락세를 면치 못했다. 또한 지난 2월 주식시장이 하락세를 나타내면서 중소형 가치주에 주목하자는 취지로 PBR이 낮고 설립연도가 오래된 업체에 주목해 보자고 제안했었다. 동국산업, 한국공항, 대원

산업, 조흥 등이 이에 속했는데 모두 하락세를 면치 못했다.

2018년 시장은 상당히 힘든 시장이었다. 올 10월에는 서브프라임 이후 가장 큰 낙폭을 기록했다. 이렇게 어려운 시장환경 속에서도 우리가 2018년도 발간한 종목들의 평균 고점 수익률을 종합해 보면 31%를 기록했다. 2017년 수익률 110%에는 미치지 못하지만 지수 하락을 감안했을 때 이 정도만 해도 상당한 수치인 것을 확인할 수 있을 것이다.

2018년 리서치알음 커버리지 종목 고점 수익률

구분	발간일	기준일 주가	고점 날짜	고점	상승률
비츠로시스	2018-02-05	1,385	2018-05-11	3,460	149.8%
다스코	2018-01-22	6,430	2018-05-31	14,600	127.1%
도화엔지니어링	2018-03-26	5,440	2018-05-20	11,150	105.0%
사조해표	2018-07-02	10,750	2018-07-06	19,300	79.5%
서울옥션	2018-05-14	9,440	2018-10-05	16,450	74.3%
희림	2018-03-12	4,465	2018-05-04	7,420	66.2%
코텍	2018-02-12	13,800	2018-04-06	19,550	41.7%
샘표식품	2018-05-21	36,400	2018-07-09	49,650	36.4%
현대통신	2018-07-30	10,750	2018-10-01	13,400	24.7%
이구산업	2018-03-19	2,210	2018-05-10	2,750	24.4%
파워로직스	2018-08-13	4,485	2018-10-01	5,580	24.4%
제이씨케미칼	2018-09-03	4,235	2018-10-08	5,250	24.0%
인텔리안테크	2018-10-01	13,600	2018-10-02	16,400	20.6%
아바코	2018-01-08	7,810	2018-02-22	9,250	18.4%
신라교역	2018-02-12	15,650	2018-05-15	18,450	17.9%
삼호개발	2018-06-25	5,350	2018-10-01	6,230	16.4%
태평양물산	2018-09-10	3,230	2018-09-17	3,590	11.1%
현대로템	2018-06-25	29,650	2018-10-04	32,900	11.0%
팜스토리	2018-07-16	1,405	2017-07-16	1,535	9.3%
DMS	2018-01-29	7,450	2018-03-20	8,090	8.6%
피에스텍	2018-08-06	5,700	2018-08-06	6,140	7.7%
조흥	2018-02-12	230,000	2018-02-23	246,000	7.0%
LS산전	2018-06-11	75,800	2018-06-12	80,600	6.3%
대원산업	2018-02-12	8,480	2018-03-05	8,850	4.4%
야스	2018-01-29	27,500	2018-02-22	28,550	3.8%
주성엔지니어링	2018-01-29	13,300	2018-01-29	13,650	2.6%
동우팜투테이블	2018-08-27	3,800	2018-08-27	3,880	2.1%
한국공항	2018-02-12	49,250	2018-02-12	50,200	1.9%
한국가스공사	2018-06-18	64,000	2018-06-18	65,100	1.7%
동국산업	2018-02-12	4,170	2018-02-12	4,215	1.1%
평균					31.0%

제대로 증명하면 절대로 틀리지 않는다

우리는 지난 2년간 영향력 확대에 주력해왔다. 양질의 보고서를 투자자들에게 무료로 배포했으며, 매주 경제 방송에 출연해 이를 홍보했고, 각종 경제지에 관련 기사들을 내보냈다. 전문성을 확보하기 위해 회계사, 세무사, 기자 등 인력 구조를 확충하고, 영문 보고서까지 발간하고 있다. 그 어떤 증권사의 인하우스 리서치와 비교해도 손색없는 인력 구조와 시스템을 갖추고 있다고 자신한다.

이런 노력의 결과로 우리는 어느 정도의 영향력을 확보했다고 판단했다. 리서치알음의 시장 영향력은 보고서 발간 이후 주가 변동성을 통해 확인할 수 있다. 첫째는 보고서 발간 당일 시가(始價)다. 전일 종가(終價)보다 얼마나 '갭'이 떠서 시작했는지가 좋은 지표가 된다. 이는 얼마나 많은 투자자 팬을 가지고 있느냐를 알 수 있는 데이터가 된다. 둘째는 보고서 당일 고점(高點)이 어느 수준까지 이어졌냐 하는 것이다. 이는 얼마나 많은 투자자에게 정보가 파급되었는지를 확인할 수 있는 데이터다.

셋째는 보고서 발간 당일 종가다. 이는 지속성의 지표가 되는데, 만약 보고서 발간 시기를 알고 선취매가 있었다면 윗꼬리가 달린 음봉이 나타날 확률이 높다. 반대로 긴 양봉으로 마감한다면 좋은 수급을 확보하고 있는 것으로 평가할 수 있다.

그럼 우리의 기업분석 보고서 발간 당일 데이터와 이후 수익률이 어떤 모습을 나타냈는지 살펴보자.

2017년에는 갭 상승 평균이 1.3%에 불과했다. 보고서 발간일에 해당 주식을 보유하고 있던 투자자라면 1.3% 높은 주가로 시작할 수 있었을 것이다. 2017년 발간 당일의 평균 고점 수익률은 4.6%를 기록했다. 만약 보고서 발간 당일 우리 보고서를 보고 시가에 매수했다면 3.3%(고점 수익률-갭 상승) 수익을 거둘 수 있었을 것이다. 2017년 보고서 발간 당일의 평균 종가 수익률은 1.4%를 기록했는데, 이는 갭 상승 평균에 근접한 수치로 장 마감까지 좋은 수급으로 이어지지 못했다는 것을 의미한다.

어찌 보면 당연한 결과였다. 우리는 2월에 들어 첫 보고서를 발간했는데, 독립리서치라는 것을 설명하는 것부터 모든 것이 낯설었다. 그것은 투자자도 마찬가지였을 것이다. 시장 환경도 코스닥 지수가 대형 바이

리서치알음 보고서 영향력 평가(2017~2018)

구분	보고서 발간 당일			고점수익률 (일주일)	고점수익률 (한달)	고점수익률 (석달)	보고서 발간 개수
	갭	고점 수익률	종가 수익률				
2017년	1.3%	4.6%	1.4%	7.4%	15.0%	29.6%	34
2018년	2.7%	7.6%	4.2%	11.0%	16.5%	30.6%	39

오 · 제약을 중심으로 상승 랠리가 펼쳐지던 시장이었기 때문에 중소형주에 대한 관심은 아무래도 덜했다. 그럼에도 불구하고 우리는 우직하게 나아갔다. 2018년 데이터를 보면 영향력이 확실히 나아졌다. 보고서 발간 당일의 갭 상승은 평균 2.7%로 전년 대비 2배 이상 상승했으며, 당일 고점 대비 평균 수익률은 7.6%에 달했다. 주식투자자라면 자신이 보유하고 있는 종목을 리서치알음에서 커버리지해 주길 바랄 만한 수치가 되었다. 종가 수익률 또한 4.2%에 달해 당일 수급이 장 막판까지 어느 정도 유지된 것으로 평가할 수 있다.

아래의 표는 증권사 인하우스의 스몰캡 베스트인 H사, N사, M사, E사의 보고서 영향력 평가이다. 리서치알음과 마찬가지로 2018년 같은 기간 발간한 기업분석 보고서 데이터를 취합해 작성했다. 모든 부문에서 우리가 우위인 것으로 나타난다. 사실 이 정도면 압도적인 수치다.

하지만 우리는 아직도 증권 시장에서 아웃사이더다. 유사투자자문이라는 굴레에 묶여 있기 때문이다. 아직 우리나라에서 독립리서치에 대한 별다른 규정이 없기 때문에 불특정 다수에게 주식 정보를 제공하기 위해서는 유사투자자문으로 등록하는 수밖에 없었다.

타 증권사 보고서 영향력 평가(2018)

구분	보고서 발간 당일			고점수익률 (일주일)	고점수익률 (한달)	고점수익률 (석달)	보고서 발간 개수
	갭	고점 수익률	종가 수익률				
H사	1.5%	4.9%	1.0%	8.9%	16.5%	26.2%	99
N사	1.2%	5.3%	1.9%	7.6%	11.6%	17.2%	28
M사	0.8%	4.3%	-0.1%	6.0%	10.6%	13.2%	36
E사	0.2%	2.5%	0.8%	4.7%	10.4%	15.2%	113

우리가 제도권에서 커버하지 않는 중소형주에 대한 정보를 제공하자 한국증권거래소 소속의 몇몇 직원이 회사를 방문했다. 중소형주 보고서가 너무 적은데 이렇게 수고해줘서 고맙다며 유관기관에서 도와줄 일이 없겠냐고 물었다. 우리는 증권시장에서 퇴사한 애널리스트가 재야에 상당히 많다는 것을 알렸다. 그들 개개인이 바로 독립리서치나 마찬가지이므로 그들을 활용할 수 있는 방안이 필요함을 이야기했다. "의사 면허를 가지고 있는 사람이 대형 병원에서 나와 개업의가 된다고 의사 면허가 취소되는 것은 아니지 않느냐. 그런데 왜 애널리스트는 증권사를 나오면 애널리스트 자격이 박탈되는가. 이는 경력의 단절이자 사회적 손실이다."

독립리서치가 유사투자자문의 굴레에서 벗어나게 되면 많은 퇴직자 애널리스트들이 다시 시장에 들어와 정보를 생산해낼 것이고, 자연스레 중소형 코스닥 시장이 활성화될 것이다.

아래의 표는 내가 유화증권에 재직했을 당시(2007~2015년) 발간했던 모든 기업분석 보고서에 대한 영향력 평가를 실시한 데이터다. 석 달째의 고점 수익률 평균 부문에서 36.4%를 기록했다. 279개 업체의 평균치라는 것이 놀랍다.

유화증권 재직 기간(2007~2015) 동안의 보고서 영향력 평가

구분	보고서 발간 당일			고점수익률 (일주일)	고점수익률 (한달)	고점수익률 (석달)	보고서 발간 개수
	갭	고점 수익률	종가 수익률				
최성환	2.4%	5.9%	2.1%	10.4%	19.5%	36.4%	279

Part 6

2019년도 리서치알음 선정

시크릿 종목

제이씨케미칼(137950, KQ)

모든 것은 자연으로 돌아간다. 全 사업 부문이 친환경과 연관된 업체

친환경이 대세다. 전국 21개 프랜차이즈 매장에서 일회용 플라스틱 컵 사용이 금지됐다. 편의점 업계는 도시락 용기를 자연 분해 가능한 바이오 플라스틱으로 교체하고 있다. 기존 2.5%였던 바이오 디젤 의무 혼합 비율도 2018년부터 3%로 상향됐다. 현재 5% 수준에 불과한 재생에너지 의무 발전 비율 또한 2023년 10%, 2030년 28%로 확대된다. 이제 친환경은 선택이 아닌 필수가 되고 있다.

바이오 디젤 전문 기업

제이씨케미칼은 2006년 설립된 바이오 디젤 전문 기업으로 2011년에 코스닥에 상장되었다. 주요 매출은 '바이오 연료'와 '부산물', 자회사 '팜 농장' 사업으로 구분되며 2018년 각각의 매출 비중은 85.5%, 3.0%, 11.5%로 추정된다. 동사는 팜나무 열매에서 착유한 팜오일(CPO, crude palm oil)과 폐식용유를 이용해서 바이오 연료를 생산하고 있다. 정제과정에서 발생하는 글리세린, 피치, 지방산 등의 부산물 판매 사업도 함께 영위하고 있다. 동사의 바이오 연료는 바이오 디젤과 바이오 중유로 구분되는데 바이오 디젤은 정유사에 공급되어 경유와 혼합해 사용되며 바이오 중유는 국내 발전사로 판매되어 발전용 연료로 쓰인다.

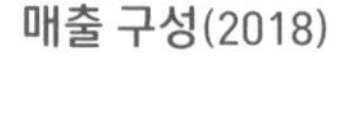

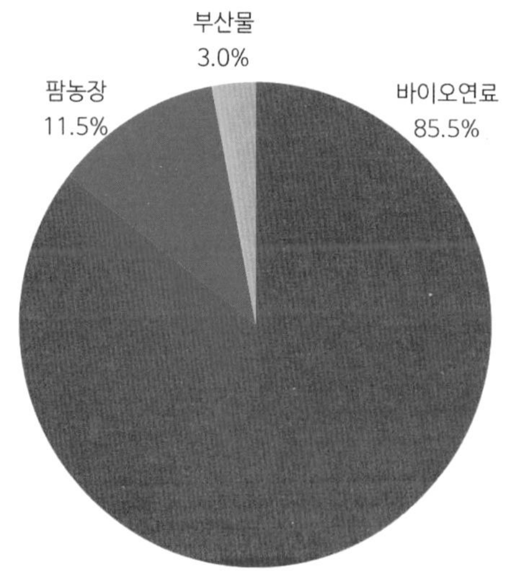

정부의 친환경 정책으로 바이오 디젤 의무혼합비율 조기 상향 기대

국내 바이오 디젤 시장은 2007년 수립된 정부의 '바이오 디젤 중장기 보급 계획'에 따라 지속해서 성장하고 있다. 에너지원의 다양화, 대기 환경 개선의 측면에서 바이오 디젤 의무 혼합 비율이 확대되고 있다. 국내 바이오 디젤 의무 혼합 비율은 2007년 0.5%를 시작으로 1.0%(2008) → 1.5%(2009) → 2.0%(2010) → 2.5%(2015) → 3.0%(2018)로 상향되고 있다. 정부의 에너지 전환 정책이 강화되면서 의무 혼합 비율이 조기 상향될 가능성까지 점쳐지고 있다. EU, 북미 지역에서 차량용 연료의 5%~7%를 바이오 디젤로 대체하고 있다는 점을 고려했을 때, 우리나라의 의무 혼합 비율은 아직 낮은 수준으로 판단된다. 국내 바이오 디젤 시장은 제이씨케미칼을 비롯해 SK케미칼(285130, KS), 애경유화(161000, KS) 3사가 과점하고 있다. 동사는 이 중 바이오 디젤 사업의 매출 비중이 가장 큰 업체로 뚜렷한 실적 개선이 나타날 전망이다.

2017년 국내 바이오디젤 시장 점유율(단위 : %)

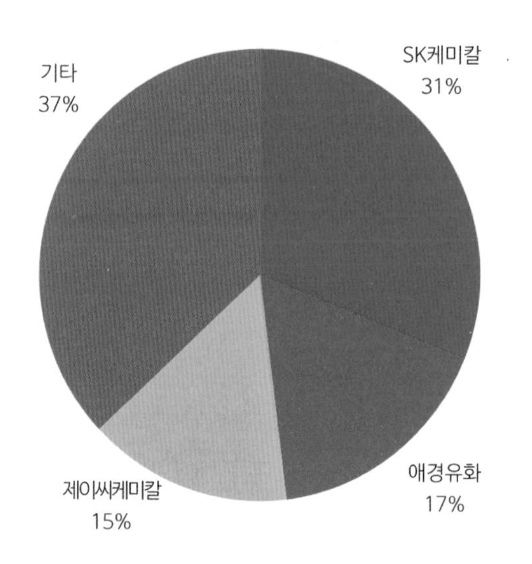

국내 바이오 디젤 시장 전망(단위 : 만㎘)

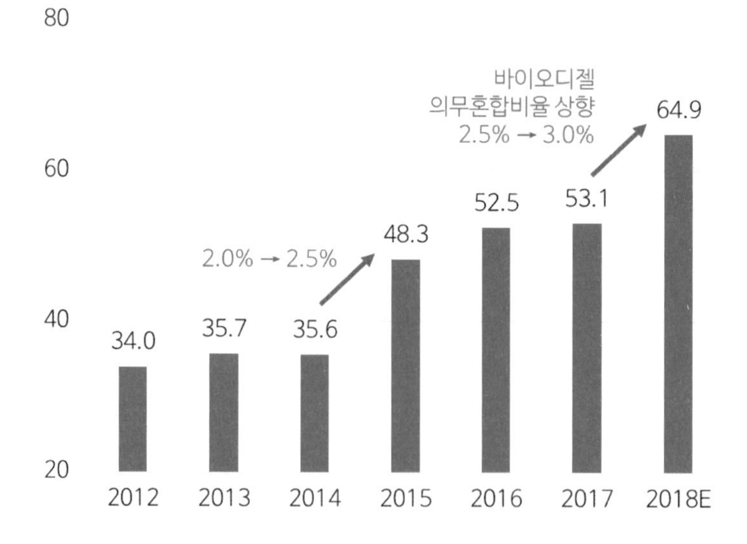

바이오 중유 전면보급 위한 시행규칙 개정안 입법 예고

친환경 정책의 일환으로 2019년부터 폐식용유, 삼겹살 기름 등을 혼합한 바이오 중유가 기존 벙커C유를 대신해 발전용 연료로 활용된다는 점도 긍정적이다. 정부는 2014년부터 시작된 5년간의 바이오 중유 시범 사업을 마무리하고 전면 보급을 시행한다고 밝혔다.

산업통상자원부는 2018년 9월 10일 발전용 바이오 중유를 석유대체 연료로 인정하고 보급을 확대하기 위해 '석유 및 석유대체연료 사업법 시행규칙' 개정안을 입법 예고했다. 또한 연말까지 발전 연료로 사용될 바이오 중유의 품질 기준을 마련하고 기존 5기의 중유 발전기에서만 허가됐던 바이오 중유 사용 권한을 전국 14기 모든 중유 발전기로 확대할 방침이다.

동사는 2017년 300억 원 규모의 바이오 중유 매출을 기록했으며 수요량 확대 전망에 따라 생산설비를 확충하고 있다. 2017년 바이오 중유 설비증설을 위해 318억 원의 투자계획을 밝혔으며 2019년 하반기 가동을 목표로 하고 있다. 설비 증설이 완료되면 동사는 국내 최대의 바이오 중유 생산 시설을 확보하게 된다.

부산물 글리세린, '바이오 플라스틱'의 주원료로 활용되며 수요 급증 예상

바이오 연료 사업의 정책 수혜와 더불어 2018년부터 급성장하고 있는 부산물 판매 사업에 주목할 필요가 있다. 바이오 디젤은 팜유, 콩유, 유채유 등 식물성기름과 촉매, 알코올 등을 혼합해 생산하는데, 이 과정에서 글리세린이 부산물로 생성된다. 바이오 디젤 생산량이 확대될수록 글리세린의 생산량 또한 증가한다. 글리세린은 그동안 수요처가 많지 않아 매출의 성장 폭이 크지 않았다.

실제 동사의 바이오 디젤 생산량이 2014년 67,548㎘에서 2017년 103,656㎘로 53% 증가하는 동안 부산물 매출액은 같은 기간 20% 증가에 그쳤다. 하지만 2018년부터 화장품 원료 위주로 사용되던 글리세린이 자연분해가 가능한 '바이오 플라스틱'과 아동용 완구 '슬라임'의 원료로 다변화되면서 그 수요가 급증하고 있다.

2018년 상반기 동사의 부산물 부문 매출액은 42억 원으로 전년 대비 215.0% 증가하여 2017년 전체 매출을 뛰어넘었다. 최근 전 세계적인 추세로 '플라스틱 제로' 캠페인이 진행됨에 따라 글리세린의 수요가 지속해서 확대될 전망이다. EU는 2021년까지 플라스틱 일회용품 퇴출을 추진 중이고 시애틀과 캘리포니아 등 미국의 일부 지역에서는 이미 음식점 내 플라스틱 사용을 금지하고 있다. 코카콜라와 레고는 각각 2020년과 2030년까지 현재 사용되고 있는 모든 플라스틱 제품을 바이오 플라

글로벌 바이오 플라스틱 시장 전망(단위 : 백만 톤)

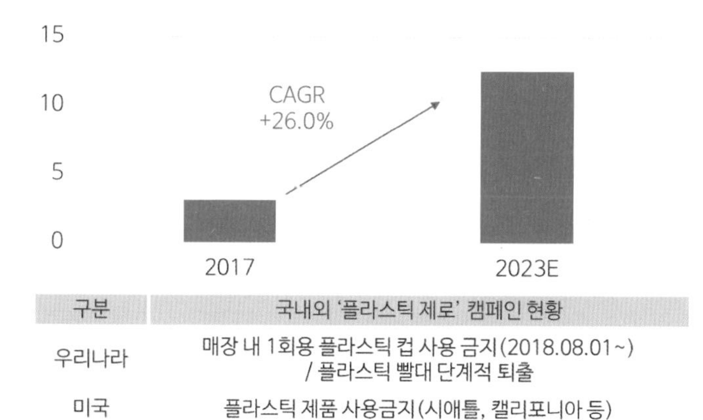

구분	국내외 '플라스틱 제로' 캠페인 현황
우리나라	매장 내 1회용 플라스틱 컵 사용 금지(2018.08.01~) / 플라스틱 빨대 단계적 퇴출
미국	플라스틱 제품 사용금지(시애틀, 캘리포니아 등)
EU	2021년까지 1회용 플라스틱 제품 퇴출
영국	2019년부터 빨대, 면봉 등 플라스틱 제품 사용 금지

바이오 디젤 및 바이오 플라스틱의 생산 공정 요약

바이오 디절 생산 공정

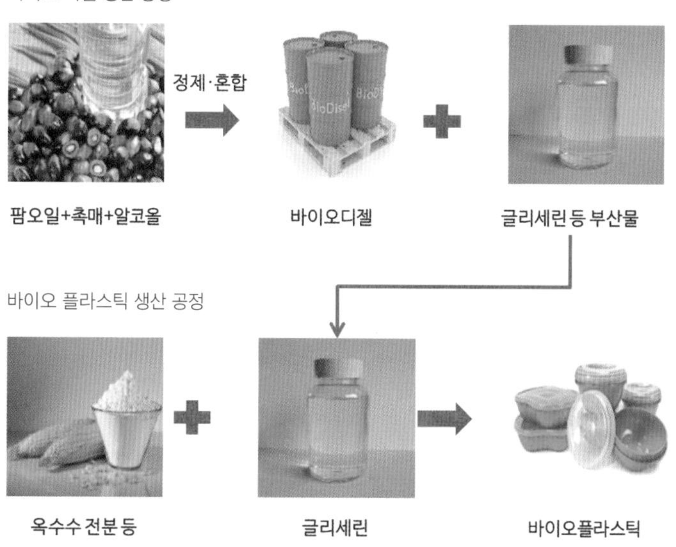

스틱으로 대체할 계획이라고 한다. 국내도 마찬가지다. 환경부는 지난 8월부터 커피숍 매장 내 플라스틱 컵의 사용을 금지했으며 CU와 GS25 등의 편의점 업계에서는 바이오 플라스틱 용기로 교체할 것을 검토 중이다. 동사의 글리세린 사업은 플라스틱 퇴출이라는 사회적 공감대와 함께 가파른 성장세가 예상된다. 특히 해당 사업은 이익률이 높아 추가적인 실적 개선이 기대된다.

재무제표 요약 및 수정주가(주봉) 추이(단위 : 십억 원, 원, 배, %)

구분	2015	2016	2017	2018E	YoY	2019E	2020E
매출액	110.2	154.8	171.8	194.8	13.4%	215.1	235.1
바이오연료	106.3	151.5	151.0	166.5	10.2%	181.1	198.0
부산물(글리세린)	3.9	2.3	4.0	5.8	43.3%	7.0	7.4
팜농장	-	1.0	16.7	22.5	34.7%	27.0	29.7
영업이익	4.0	16.4	5.8	11.7	102.4%	18.9	21.2
영업이익률	3.7%	10.6%	3.4%	6.0%	-	8.8%	9.0%
당기순이익	2.7	11.9	- 2.1	5.9	흑자전환	13.5	15.1
EPS	202	646	8	304	-	700	779
PER	15.3	8.8	510.0	11.1	-	4.8	4.3

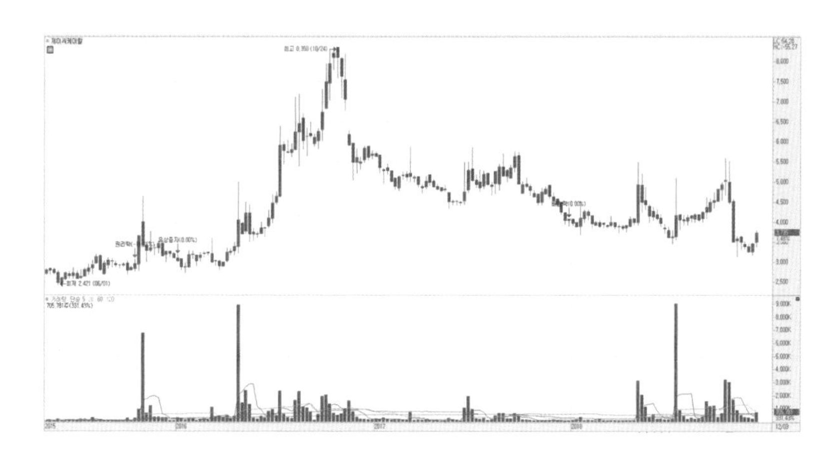

인텔리안테크(189300, KQ)

위성통신 서비스계의 5G, VSAT이 글로벌 대세

해상용 위성통신 시스템의 세대교체가 가속화되고 있다. 주파수 1.5 ㎓ 대역의 L-Band를 활용한 FBB(Fleet Broad Band) 안테나에서 최근 10~30 ㎓ 대역의 Ku, Ka-Band를 활용한 VSAT(Very Small Aperture Terminal) 안테나로 빠르게 교체가 진행 중이다. FBB와 달리 VSAT으로 구현한 통신서비스는 위성 통신계의 5G라 불릴 만큼 대용량 데이터 전송이 가능하고 최대 10배 이상 빠른 통신속도를 지원한다. Inmarsat을 비롯한 글로벌 위성통신 사업자들은 이런 점을 내세워 선주들에게 VSAT 안테나를 탑재하도록 적극적으로 홍보하고 있다.

세계 1위의 위성통신 안테나 생산 업체

인텔리안테크는 2004년 설립된 세계 1위의 위성통신 안테나 전문업체로 2016년 10월에 코스닥에 상장되었다. 지상 기지국과 교신이 어려운 해상 환경에서 TV 방송, 전화, 인터넷 등의 통신서비스를 지원하는 안테나를 제조해 판매한다. 동사의 제품은 Inmarsat, Marlink, KT Sat 등 글로벌 위성통신사업자로 납품되어 Maersk, CMA CGM 등 선박업체로 유통되고 있다. 동사의 위성 안테나 매출은 기능에 따라 크게 VSAT, TVRO로 구분되며 기타 매출에는 FBB 안테나 및 부품 판매, 설치 용역 등의 매출이 포함된다. VSAT은 인터넷 전화(VoIP), 선박 모니터링 시스템(VMS), PC 및 모바일 기기 등의 양방향 데이터 통신을 지원한다. TVRO는 전파국이 없는 해상에서 TV 방송 수신을 가능케 한다. IFRS 연결 기준 2018년 동사의 주요 제품별 매출액 비중은 VSAT 72.7%, TVRO 10.0%, 기타 17.3%로 추정된다.

매출 구성(2018)

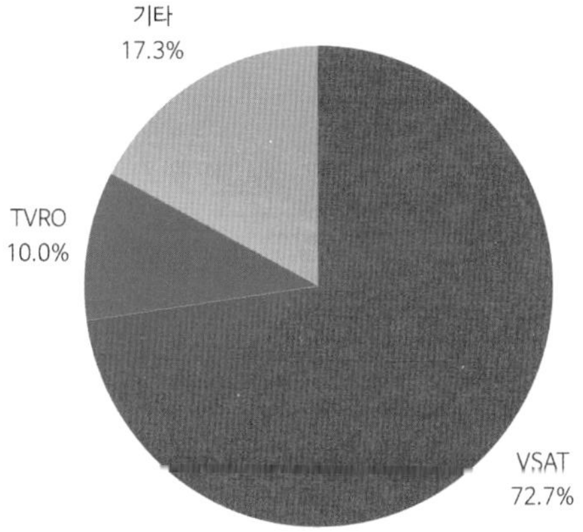

기타 17.3%
TVRO 10.0%
VSAT 72.7%

OneWeb 프로젝트 참여로 지상용 위성통신 시장으로의 진출 기대

위성통신 서비스는 그동안 해상용 위주로 성장해왔다. 하지만 앞으로 위성통신 서비스는 해상용을 넘어 육 · 해 · 공 지구 전역에서 활용이 가능해질 전망이다. 아직도 전 세계의 2/3가 인터넷 오지다. 막대한 비용과 안정성, 속도 등 기술적인 문제로 엄두도 내지 못했던 사업이 OneWeb을 통해 본궤도 진입을 목전에 두고 있다. OneWeb은 소프트뱅크가 12억 달러를 투자한 인공위성 벤처기업으로, 저궤도 위성 882개를 쏘아 올려 2020년까지 전 세계에 통신망을 구축할 계획이다. 현재 미국 연방통신위원회의 발사 승인을 마친 상태이며 이르면 2019년 초부터 위성 발사와 함께 사업이 본격화될 것이라 예상된다. 동사는 OneWeb 프로젝트 참여 업체로 향후 지상용 위성통신 시장으로의 진출이 기대된다.

멀티밴드 안테나를 이용한 글로벌 위성통신망 구축

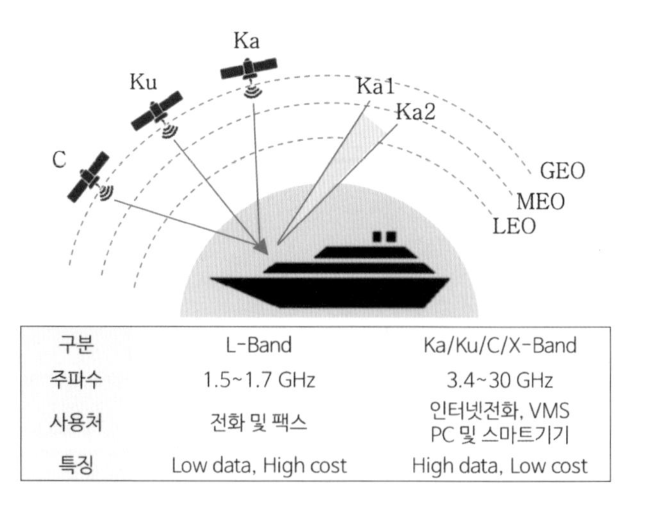

구분	L-Band	Ka/Ku/C/X-Band
주파수	1.5~1.7 GHz	3.4~30 GHz
사용처	전화 및 팩스	인터넷전화, VMS PC 및 스마트기기
특징	Low data, High cost	High data, Low cost

해상통신 시스템의 세대교체 VSAT이 대세

위성통신 시스템의 세대교체가 가속화되고 있다. 과거의 해상용 위성통신은 주파수 1.5㎓ 대역의 L-Band를 활용한 FBB 안테나가 대표적으로 활용되었는데 최근 10㎓ 대역의 Ku-Band, 30㎓ 대역의 Ka-Band를 활용한 VSAT 안테나로 교체가 빠르게 진행 중이다. VSAT 안테나를 활용한 통신서비스는 FBB와 달리 대용량 데이터 전송이 가능하고, 최대 10배 이상의 빠른 통신 속도로 지원할 수 있어서 날씨, 항로 등 선박의 운항에 필요한 모든 정보를 실시간으로 제공한다. Inmarsat을 비롯한 글로벌 위성통신 사업자들은 선주들에게 항해의 안전성 확보와 고객 서비스 개선 등 VSAT 시스템의 장점을 홍보하며 마케팅을 강화하고 있다. 이에 따라 최근에는 크루즈뿐만 아니라 원양어선까지 VSAT 시스템을

세계 VSAT 안테나 판매량 및 동사 매출 추이(단위 : 대, 십억 원)

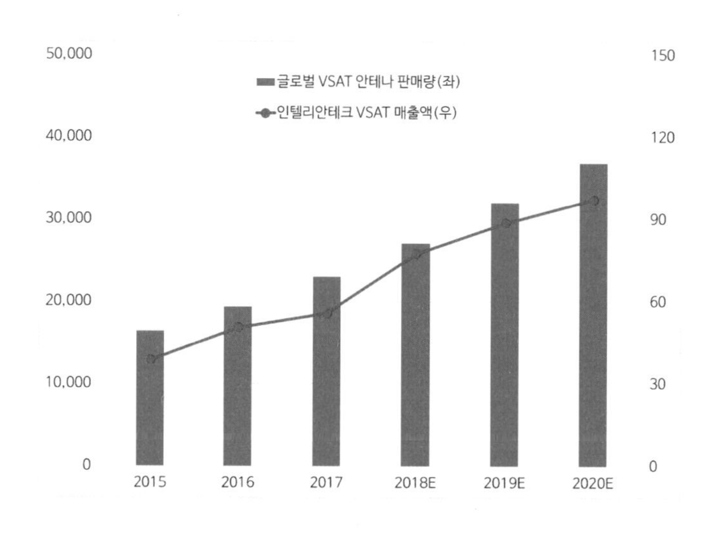

장착하는 것이 대세가 되고 있다.

동사의 VSAT 안테나는 글로벌 Ku-Band 시장에서 35%, Ka-Band 시장에서 58%를 점유하고 있다. 경쟁사로는 영국의 방산업체 콥햄(Cobham)과 미국 나스닥 상장사인 KVH 등이 있으며 3개사가 전체 시장의 70% 이상을 과점하고 있다. 동사는 Ku, Ka-Band 변환이 가능한 멀티밴드 안테나 v100GX를 세계 최초로 개발하는 등 업계 선두 자리를 공고히 하고 있다.

재무제표 요약 및 수정주가(주봉) 추이(단위 : 십억 원, 원, 배, %)

구분	2015	2016	2017	2018E	YoY	2019E	2020E
매출액	59.5	77.8	83.7	106.3	27.0%	119.9	133.2
VSAT	38.5	50.5	55.7	77.3	38.9%	88.6	97.2
TVRO	12.8	12.9	11.0	10.6	-3.2%	11.0	10.9
기타	8.2	14.4	17.1	18.4	7.6%	20.3	25.1
영업이익	5.2	7.4	7.0	9.9	40.3%	11.9	13.3
영업이익률	8.8%	9.5%	8.4%	9.3%	-	9.9%	10.0%
당기순이익	5.7	6.2	3.4	8.2	139.4%	9.2	10.9
EPS	959	1,031	474	1,130	-	1,267	1,512
PER	(상장전)	15.8	30.6	11.9	-	10.7	8.9

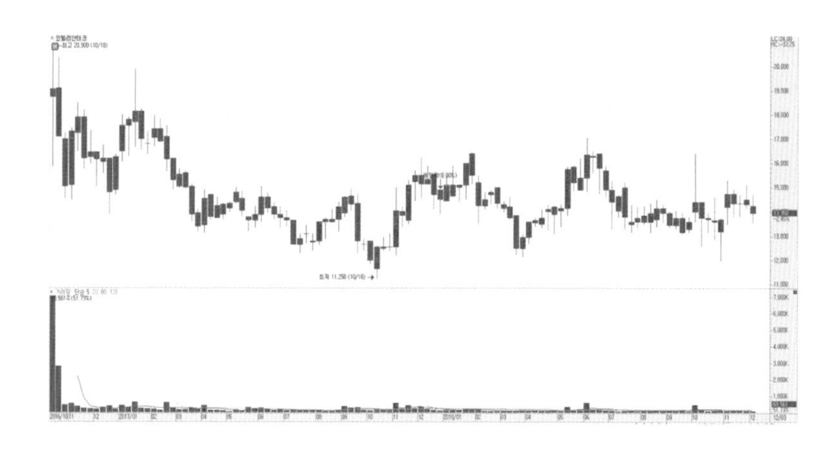

서울옥션(063170, KQ)

'마스터피스(서울옥션)'의 부활, 컬렉터(투자자)들이 먼저 설렌다

글로벌 미술시장이 다시 호황기에 진입하고 있다. 2017년 전 세계 주요 경매회사를 통해 거래된 작품 총액은 149억 달러로 전년 동기 대비 20% 증가했다. 2018년 상반기 낙찰총액도 전년 동기 대비 23% 확대되었고 500만 달러 이상의 고가 미술품 거래량도 40%(163점→229점)가 늘었다. 국내의 상황도 마찬가지다. 국내 미술품 시장은 2018년 처음 2,000억 원 규모를 초과하며 최고 활황기였던 2007년의 1,926억 원을 뛰어넘을 전망이다.

국내 최대 규모의 미술품 경매 사업자

서울옥션은 1998년에 설립된 국내 최초의 미술품 경매회사로 2008년에 코스닥에 상장되었다. 동사는 비상장 기업 케이옥션과 함께 국내 미술품 경매시장을 양분하고 있고, 2017년 기준 50% 수준의 시장 점유율을 확보하고 있다. 동사의 주요 매출 구성은 상품 판매, 경매, 중개, 담보대출, 기타 매출로 이루어져 있다. 2018년 부문별 매출 비중은 상품 판매 59.6%, 경매 25.6%, 중개 6.6%, 담보대출 0.6%, 기타 7.5%로 추정된다.

매출 구성(2018)

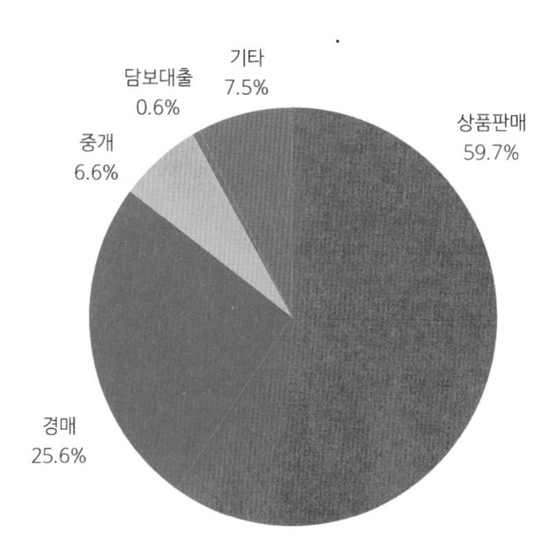

국내 미술 경매시장 2016년 역성장 기록, 2017년 회복기 진입

2016년 1,768억 원으로 역성장을 기록한 국내 미술 경매시장은 2017년 1,892억 원 규모를 달성하며 다시 회복세를 나타내고 있다. 2017년은 특히 삼성미술관 리움의 개점휴업과 중국의 사드 보복, 각종 미술품의 위작 논란 등과 같은 악재가 있었음에도 불구하고 성장세를 보였다는 점에서 의미가 크다.

국내 미술 경매시장은 2018년 2,000억 원 규모를 초과하며 최고 활황기였던 2007년(1,926억 원)을 뛰어넘을 전망이다. 단색화 작품의 해외 전시 확대로 완만한 가격 상승이 예상되며 민중미술 작가인 오윤, 임옥상, 민정기 등의 작품이 재평가될 것이 기대된다. 또한 중국과의 관계 개선으로 홍콩에서의 경매 성과도 높아질 것으로 판단하고 있다. 여기에 최근 젊은 층의 미술품 구매가 대중화되면서 온라인 경매가 활성화되고 있다는 점도 시장 확대에 긍정적인 요소로 작용하고 있다.

국내 미술 경매시장의 규모 추이 및 전망(단위 : 십억 원)

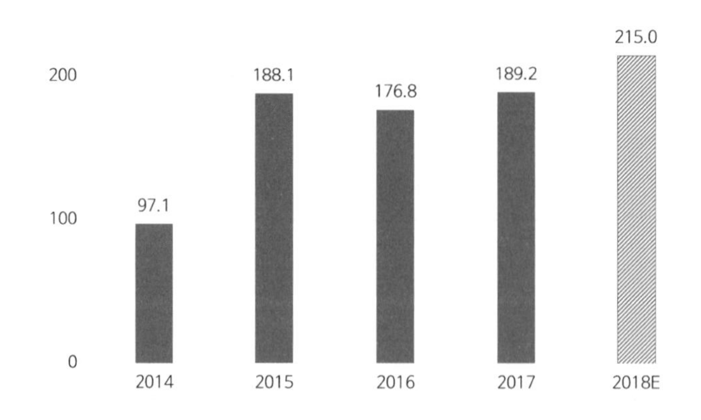

장기 성장 동력, 중국 내 '단색화' 전시 재개

2018년 4분기는 호실적을 기록할 것이 확실시된다. 그러면 2019년 어떤가? 이 질문이 핵심이다. 2019년까지 이런 성장세를 이어가야만 우상향의 주가 흐름이 유지될 수 있기 때문이다. 동사는 장기 성장할 것으로 예상되며 2015년과 같은 반짝 성장이 아니라 구조적인 성장기에 진입할 것으로 판단된다.

이에 대한 근거는 다음과 같다. 중국 내 한국 미술품 전시가 재개되면서 '단색화'에 대한 관심이 되살아나고 있다. 지난 11월 8일 중국 상해에서 한국의 '추상미술'과 '단색화'를 주제로 한 대규모 전시회가 열렸다. 우리나라 화가의 단일 작품으로 역대 최고 낙찰가를 기록한 김환기의 〈붉은 점화〉를 비롯해 이우환, 박서보 등의 작품이 전시됐다. 단색화가 중국 본토에서 정식으로 전시된 것은 이번이 처음이다. 상해에서 열린 단색화 전시에 특별한 의미가 부여되는 이유다. 중국은 세계 1위의 미술품 소비시장으로 2017년 글로벌 미술 경매 총액 149억 달러 중 51억 달러(34.2%)가 거래되었다.

해외작품 소싱 능력 우려에 종지부

서울옥션은 11월 25일 열리는 제27회 홍콩 경매를 통해 해외작품 소싱 능력에 대한 의문을 해결했다. 동사는 그동안 국내용 경매사라는 한계가 있었다. 폄하하자면 2015년의 실적 성장도 글로벌 시장에서 단색화가 인기를 끌면서 수혜를 입었던 것이지 해외에서 인정받을 만한 작품의 소싱은 이뤄지지 않았다고 평가할 수 있다. 하지만 이번 홍콩 경매에 세실리 브라운, 앤디 워홀, 루이스 부르주아 등 해외 거장들의 작품을 대거 출품하며 동사의 해외작품 소싱 능력을 제대로 확인시켜줬다. 각각의 작품 또한 마스터피스급으로 낮은 추정가 기준 '세실리 브라운' 43억 원, '앤디 워홀' 23억 원, '루이스 부르주아' 22억 원에 출품되었다.

2019년도 세법개정 국내 미술시장에 대형 호재

2019년 1월 1일부터 국내 문화산업 활성화를 위한 새로운 세제 개편안이 적용된다. 우선 문화접대비의 사용 범위가 확대된다. 기존 박물관, 미술 전시회, 서적 구매 등에 한정되었던 문화접대비의 사용 범위가 모든 관광 입장권 및 100만 원 이하의 미술품 구입 비용으로 변경된다. 기업이 선물 목적으로 구입하는 100만 원 이하 미술품은 한도 내에서 모두 비용 처리가 가능해져 법인세 인하 효과를 기대할 수 있다. 이에 따라 동사의 온라인 경매, 프린트 베이커리 사업의 활성화가 예상된다. 또한 공공장소 전시를 목적으로 구매하는 미술품의 비용 인정 금액도 작품당 500만 원에서 1,000만 원으로 확대된다. 이 같은 세제 개편은 국내 미술 경매시장의 성장 모멘텀으로 작용할 전망이다.

재무제표 요약 및 수정주가(주봉) 추이추이(단위 : 십억 원, 원, 배, %)

구 분	2015	2016	2017	2018E	YoY	2019E	2020E
매출액	54.8	50.9	54.2	75.5	39.4%	84.8	95.0
상품판매	31.5	28.8	33.9	45.0	32.7%	52.0	58.0
경매	15.8	13.2	12.8	19.3	50.8%	22.0	25.0
중개	4.2	5.5	3.6	5.0	38.9%	5.5	6.0
담보대출	1.9	1.0	0.5	0.5	0.0%	0.8	1.0
기타	1.4	2.4	3.4	5.7	67.6%	4.5	5.0
영업이익	15.1	9.6	6.4	14.2	122.4%	16.5	19.0
영업이익률	27.6%	19.0%	11.8%	18.8%	-	19.4%	20.0%
순이익	12.9	6.6	3.1	12.2	297.6%	11.8	13.7
EPS	764	363	184	718	-	700	811
PER	28.4	26.8	48.1	19.0	-	19.5	16.8

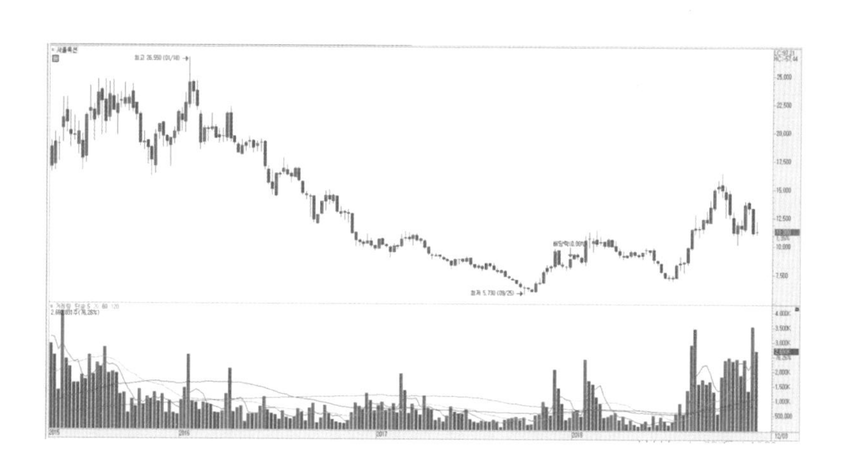

풍국주정(023900, KQ)

수소가스 생산 가능한 유일한 상장사

수소를 차세대 에너지원으로 사용하기 위한 본격적인 투자가 시작된다. 2018년 12월 8일 확정된 2019년 수소차 관련 예산은 총 1,421억으로 전년 대비 668% 증가했다. 2018년 130대에 불과했던 수소차 보급 대수를 4,000여 대로 늘리고, 전국에 수소가스 충전소도 30개 이상 확대할 전망이다. 정부가 제시하는 '수소경제 로드맵' 또한 연내에 공개될 것으로 알려져 있어 기대된다. 2019년은 동사가 '주정 제조' 업체에서 수소, 탄소, 헬륨 등 '기초소재' 업체로 진화하는 원년으로 재평가가 예상된다.

1954년 설립된 주정 제조업체

동사는 1954년 설립된 주정(Ethyl alcohol) 제조업체로 1994년 코스닥에 상장되었다. 쌀, 보리, 타피오카 등을 원료로 주정을 생산해 국내 주정 유통을 총괄하고 있는 대한주정판매㈜에 전량 공급한다. 판매된 주정의 90% 이상은 소주, 막걸리, 와인 등 주류 제조에 사용되고, 나머지는 조미료, 식품 방부제, 세정제 등 각종 화학제품의 원료로 쓰이고 있다. 국내 주정시장 내 주요 업체로는 '창해에탄올', '진로발효' 등 9개 사가 있으며, 동사는 약 10% 수준의 시장점유율을 기록하고 있다.

우리나라의 주정업은 제조면허제 방식으로 진입장벽이 높다. 제일 마지막으로 주정 사업을 개시한 업체의 사업년한이 22년이 된다는 것은 그만큼 진입장벽이 높다는 것을 의미한다. 주정 제조면허를 가진 9개 사의 주정 생산량은 연초 대한주정판매㈜에서 제시한 공급 계획을 바탕으로 지분율에 따라 분배되기 때문에 안정적인 매출 구조를 가지고 있다.

대한주정판매 지분율 현황(단위 : %)

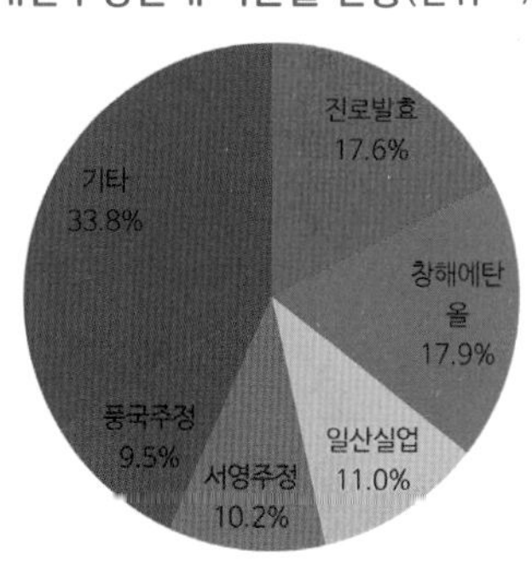

'주정 제조' 업체에서 '수소가스' 업체로 탈바꿈

동사의 사업 부문별 매출 비중이 변하고 있다. 2018년에는 주정 41%, 수소가스 36%, 산업용 가스 23%로 아직 주정 매출이 수소가스보다 많지만, 2019년에는 주정 37%, 수소가스 38%, 산업용가스 24%로 수소가스가 주정 매출을 뛰어넘을 전망이다. 이제 동사의 향후 성장 포인트는 '주정'이 아닌 '특수가스 및 수소' 사업이다. '주정 제조' 업체에서 '차세대 기초소재' 업체로의 인식 전환이 필요한 시점이다.

수소가스 사업 부문의 고성장이 예상된다. 동사는 울산 지역의 대한유화, 효성, 태광산업 등으로부터 배관을 통해 원료가스를 공급받아 99.99%의 초고순도 수소를 생산하고 있다. 이렇게 생산된 수소는 다시 배관을 통해 전자재료, 반도체, 우주항공 등의 업체로 판매되고 있다. 다양한 분야에 수소가 활용되며 매출처가 확대되고 있어 긍정적이다.

풍국주정 사업 부문별 매출 비중 변화(단위 : %)

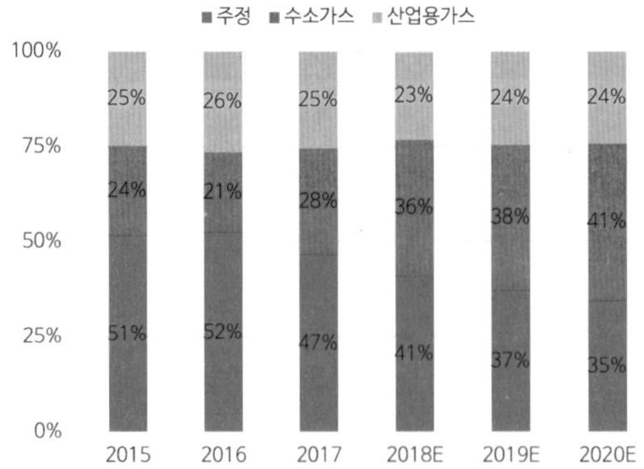

수소가스, 다양한 분야에 활용되며 수요 급증 예상

동사의 수소가스 매출은 2016년 206억 원에서 2018년 428억 원으로 2배 이상 증가할 전망이다. 정부의 수소전기차 보급 확대 정책으로 수소연료전지 분야에서 급격한 수요 증가가 예상되기 때문이다. 이에 따라 동사는 2018년 울산 지역에 수소전기차 충전소 부지 4,000평을 구입해 준비를 마쳤다.

최근 공개된 맥킨지의 '한국 수소산업 로드맵' 보고서에 따르면, 국내의 수소 수요는 2017년 190만 톤 수준에서 2050년 1,700만 톤까지 확대되고, 관련 경제 효과가 70조 원에 달할 것으로 전망된다.

2050년 분야별 국내 수소가스 수요 전망(단위 : %)

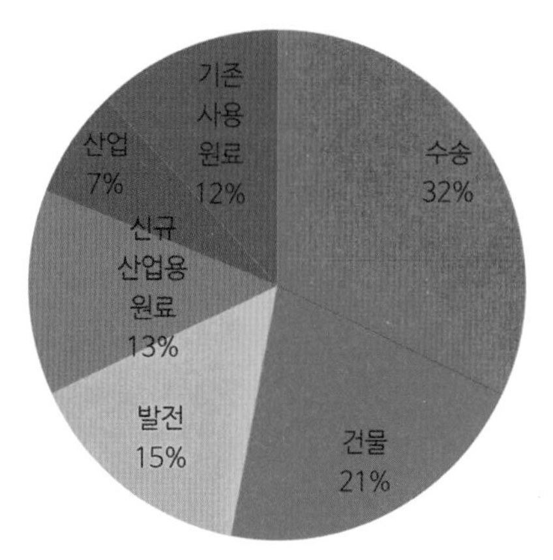

재무제표 요약 및 수정주가(주봉) 추이(단위 : 십억 원, 원, 배, %)

구분	2015	2016	2017	2018E	YoY	2019E	2020E
매출액	101.5	96.8	107.6	119.2	10.8%	129.1	140.5
주정	52.2	50.6	50.1	47.8	-4.6%	48.1	48.6
수소가스	24.3	20.6	30.1	42.8	42.2%	49.4	58.0
산업용가스	25.0	25.5	27.3	28.6	4.7%	31.6	33.9
영업이익	10.3	11.5	11.3	14.0	24.0%	15.9	18.0
영업이익률	10.2%	11.9%	10.5%	11.8%	-	12.3%	12.8%
순이익	8.1	9.4	14.6	12.1	-17.0%	13.7	15.5
EPS	910	713	1,124	902	-	1,022	1,147
PER	11.5	10.4	12.4	10.1	-	9.0	8.0

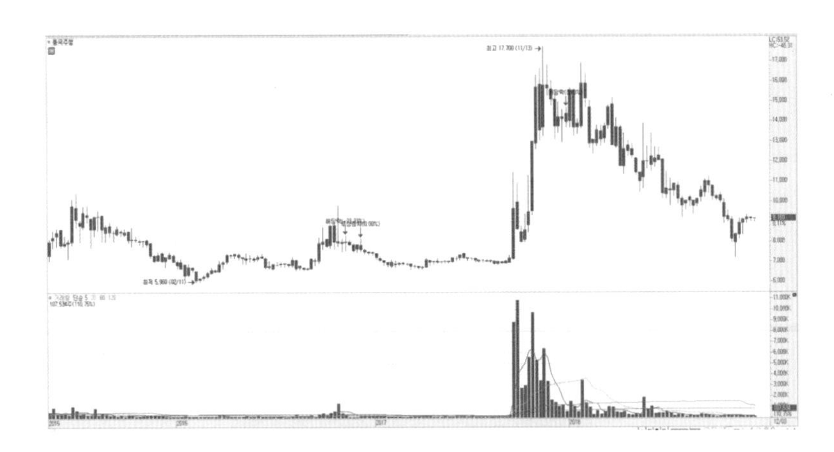

다원시스(068240, KQ)

영화 속 '꿈의 에너지', 핵융합발전이 온다

영화 〈아이언맨〉에서 꿈의 에너지원이라 불렸던 '아크 원자로'가 현실에서 구현될 전망이다. 아크 원자로의 모티브는 핵융합발전이다. 바닷속 풍부한 중수소나 삼중수소를 연료로 핵융합반응을 일으켜 엄청난 열에너지를 생산하는 것이다. 이론상으로는 중수소 1g당 석유 8t과 동일한 열에너지가 생산 가능하다고 알려져 있다. 현재 우리나라를 비롯해 미국, 중국, 일본, 유럽연합(EU)은 국제 핵융합 실험로 프로젝트(ITER, International Thermonuclear Experimental Reactor)를 통해 관련 연구를 진행 중이다. 국내에서는 한국형 핵융합장치 상용화 연구(KSTAR, Korea Super conduction Tokamak Advanced Research)를 바탕으로 독자적인 기술 개발을 이어 가고 있다. 동사는 핵융합발전사업인 ITER와 KSTAR의 핵심 전원 장치를 공급하고 있어 미래산업의 선두주자로 자리매김할 전망이다.

핵융합 발전 상용화에 앞장서다

다원시스는 1996년에 설립된 전력전자기술 전문기업으로 2010년 9월에 코스닥에 상장됐다. 전력전자산업은 전력용 반도체를 제어하여 일반 상용전원을 각종 기기나 설비 또는 특정 계통에서 요구되는 형태(전압, 전류, 주파수, 파형 등)로 변환하여 공급하는 사업 분야다. 동사는 전력용 반도체를 제어하여 특수 상황에서 요구되는 수준의 전압, 전류, 주파수 등으로 변환시켜주는 기술을 경쟁력으로 확보하고 있으며, 이를 활용해 핵융합발전, 가속기, 플라즈마 형성에 활용되는 특수 전원장치와 전자유도 가열 장치, 철도 차량용 전원장치 등을 생산한다. 또한 동사는 2017년 말 철도 차량 제작 전문기업인 로윈을 흡수 합병해 전동차를 대량으로 수주하는 등 시너지를 극대화하고 있다.

매출 구성(2018)

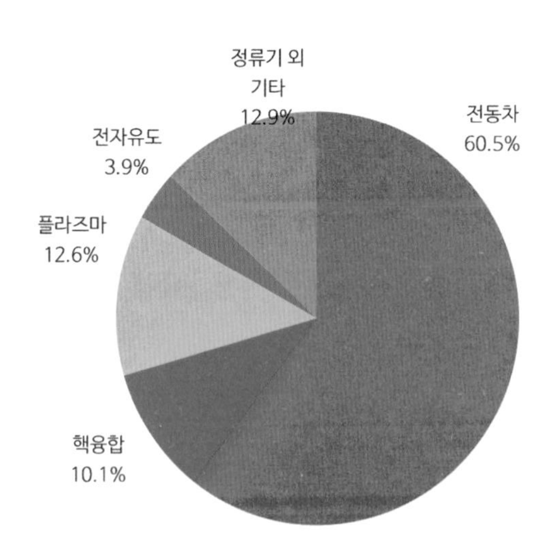

핵융합발전 설비 투자 증가

탈원전 시대의 미래 에너지로 풍력, 태양, 셰일가스, 지능형 전력망, 대용량 전지 등이 거론되고 있지만 에너지 효율을 고려했을 때 국가 에너지 대계(大計)로 채택되긴 어렵다. 이런 가운데 '인공태양'으로 불리는 핵융합발전이 최적의 대체에너지로 주목받고 있다. 다원시스는 한국형 핵융합연구장치인 KSTAR와 국제핵융합실험로 ITER에 핵심 장비를 공급하고 있어 수혜가 예상된다.

KSTAR의 시험 성과를 바탕으로 향후 한국형 핵융합실증로(K-DEMO)로 발전시킬 계획이다. 현재 새만금에 DEMO플랜트 건설을 위한 R&D가 진행되고 있다. ITER는 핵융합 에너지를 개발하기 위한 실험 장치로,

사업 영역 소개

우리나라를 비롯한 EU, 일본, 중국, 미국, 러시아, 인도가 2007년부터 공동 건설 중이다. 총사업비는 130억 유로(약 17조 원) 수준이며 2025년까지 설치 완료를 목표로 하고 있다. 동사는 이와 관련해 730억 원 규모의 1차 공급계약을 수주했고, 현재 2차 공급계약을 추진하고 있는 것으로 파악된다.

꿈의 치료기 BNCT 장비 상용화 가시권

가속기 사업 부문의 성장성에 주목해야 한다. 동사는 자회사인 다원메닥스를 통해 '붕소중성자포획치료(BNCT)' 장비를 개발하고 있다. BNCT는 중성자와 붕소 핵반응 에너지를 이용해 정상 세포 손실 없이 암세포만을 파괴하는 치료법이다. 동사의 장비는 이를 실현할 수 있는 것으로 '꿈의 암 치료기'라고 불리고 있다.

이미 전임상 단계에서 붕소 약물의 안전성이 확인되어 빠른 임상 진입이 가능할 것으로 판단된다. 또한 국내 최초로 대형 7개 병원이 동시에 참여하는 다기관 임상으로 진행되어 빠르게 임상을 마칠 수 있을 전망이다. 동사는 2019년까지 임상 1상을 마무리하고 이듬해 상반기 중 다원메닥스의 기술특례 상장을 계획하고 있다.

A-BNCT(붕소중성자포획치료)

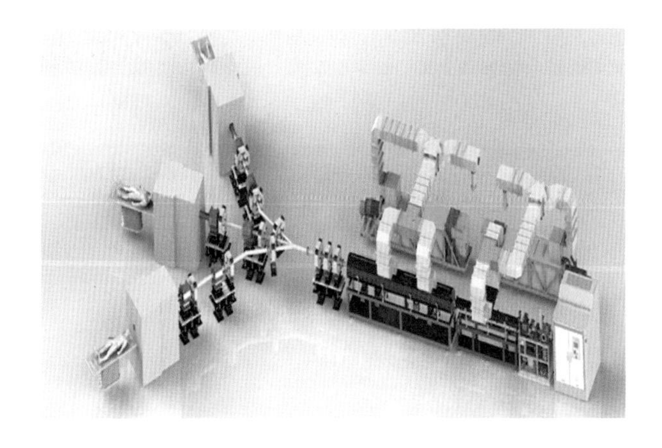

전동차 수주 경쟁력 확보

국내 전동차 시장은 노후전동차 교체 수요와 더불어 GTX A, B, C 등 민자 수요까지 확대되고 있어 향후 5년간 연평균 1조 원 규모의 발주가 이어질 것으로 기대된다. 서울시는 '지하철 안전보강대책'의 일환으로 노후 전동차 및 신호 시스템 사업을 추진 중인데 현재 운행 중인 서울 지하철 1~4호선의 전동차 총 1,945량 중 절반 이상이 20년 이상 사용된 노후 전동차로 추정된다.

동사는 2016년 컨소시엄 파트너였던 전동차 제작업체 로윈을 흡수 합병하면서 전동차 제작 관련 수직 계열화를 완성했다. 이를 기반으로 2호선 교체 사업(2,000억 원), 7호선 석남 연장 사업(220억 원)의 수주에 성공하며 국내 전동차 시장에 성공적으로 진입했고, 최근 1,410억 원 규모의 제3차 2, 3호선 교체 사업을 수주하며 안정적인 성장을 이어가고 있다.

재무제표 요약 및 수정주가(주봉) 추이(단위 : 십억 원, 원, 배, %)

구 분	2015	2016	2017	2018E	YoY	2019E	2020E
매출액	67.0	74.3	111.5	114.4	2.6%	128.8	154.5
전동차	19.5	47.1	66.4	69.2	4.2%	80.0	95.0
핵융합	13.8	8.4	14.6	11.5	-21.2%	14.5	18.2
플라즈마	12.5	8.2	16.2	14.4	-11.1%	14.5	16.4
전자유도	4.8	1.4	2.1	4.5	114.3%	3.8	4.9
정류기 외 기타	16.4	9.2	12.2	14.8	21.3%	16.0	20.0
영업이익	7.9	9.2	8.8	9.1	3.4%	11.0	13.5
영업이익률	11.8%	12.4%	7.9%	8.0%	-	8.5%	8.7%
순이익	8.2	6.8	5.4	6.4	18.5%	8.0	10.5
EPS	422	294	261	252	-	307	402
PER	47.1	44.0	63.5	66.4	-	50.6	38.5

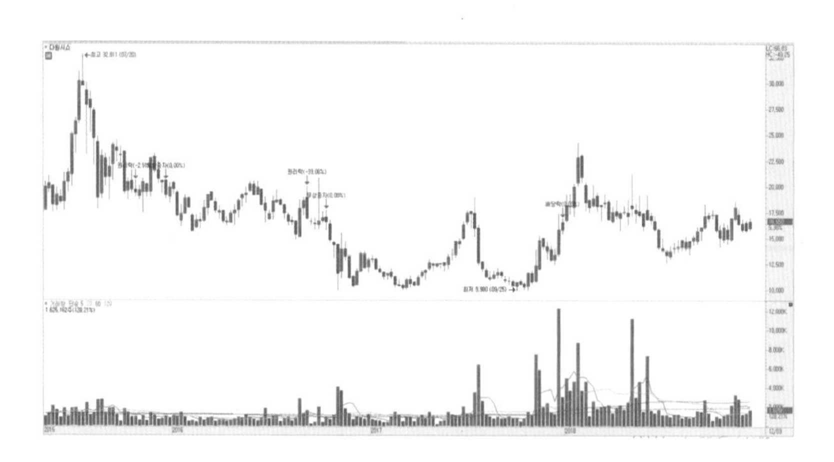

크린앤사이언스(045520, KQ)

미세먼지, 이제 '필터'로 잡아내자

미세먼지가 사회적 불안감을 넘어 공포로 자리 잡고 있다. 통계청이 발표한 '2018년 사회조사 결과'에 따르면 미세먼지에 대해 불안하다는 응답이 82.5%에 달했다. 방사능(54.9%)이나 유해 화학물질(53.5%)보다 높은 수치다. 공포는 새로운 소비를 낳는다. 그동안 비주류로 취급받던 공기청정기, 건조기, 의류 관리기 등이 미세먼지에 대한 대안으로 떠오르며 가전 시장의 성장을 이끌고 있다. 가전제품의 필수 소모품인 '필터'에 주목하자.

필터 제조 전문업체

크린앤사이언스는 1973년 설립된 가전 및 산업용 필터 제조업체로 2000년 코스닥에 상장되었다. 공기청정기 및 에어컨 등에 장착되는 '필터'와 자동차용 에어필터, 오일필터 등의 소재로 사용되는 '여과지', 공기청정용 필터의 핵심 소재인 'M.B(Melt Blown, 부직포)'를 주요 제품으로 생산하고 있다.

2016년 국내 필터 및 여과지 시장 1위 사업자였던 3M이 유해물질 검출사건으로 시장에서 철수하면서 현재 동사와 비상장 업체인 한국알스트롬이 시장을 양분하고 있다. 2017년 기준 동사의 국내 여과지 시장 점유율은 42% 수준으로 파악된다. 동사의 2018년 기준 주요 제품별 매출 비중은 필터 47.7%, 여과지 44.6%, M.B 7.6%로 예상된다.

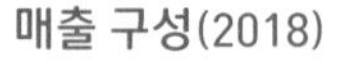

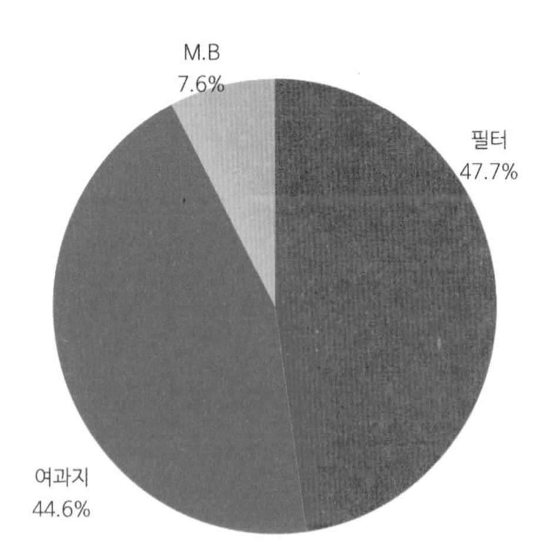

미세먼지 우려 급증, 필수 가전제품으로 자리잡은 공기청정기

미세먼지가 두려움을 넘어 사회적 공포로 자리 잡으면서 각종 예방 상품 판매가 성황을 이루고 있다. 이러한 예방상품은 대부분 필터와 여과지를 포함하고 있어 동사에 수혜가 전망된다.

에어컨처럼 공기청정기도 점점 '필수 가전'이 되고 있다. 국내 공기청정기 연도별 판매량은 2015년 87만대에서 2017년 140만대로 연평균 30%의 고성장을 기록했다. 같은 기간 동사의 필터 부문 매출은 연평균 68%가 성장하며 전방 시장의 성장률을 크게 웃돌았다. 2017년 말 기준 공기청정기 보급률은 45%로 아직 에어컨 보급률 80%의 절반 수준에 불과한 점을 고려하면 향후 성장 가능성도 충분한 것으로 판단된다.

제품 교체 주기의 가속화로 고성장 전망

최근 공기청정기, 건조기 등 가전제품을 중심으로 확대되고 있는 렌털 시장도 주목해야 한다. 대부분의 렌털사업자가 주기적인 제품 관리 서비스를 제공하면서 필터 교체 주기 또한 가속화되고 있기 때문이다. 과거 소비자가 직접 구매한 제품 내 필터는 필요에 따라 비주기적으로 교체되었으나 렌털사업자에 의해 관리되는 현재는 3~4개월마다 꾸준한 대당 교체 수요가 발생하고 있다. 교체 주기가 가속화됨에 따라 여과지, 필터 등 소모품 수요 또한 확대되고 있어 고성장이 기대된다.

재무제표 요약 및 수정주가(주봉) 추이(단위 : 십억 원, 원, 배, %)

구분	2015	2016	2017	2018E	YoY	2019E	2020E
매출액	59.5	60.0	77.1	90.3	17.1%	102.0	118.1
필터	13.6	15.9	31.7	43.1	36.2%	51.7	62.4
여과지	40.5	38.5	38.7	40.3	4.3%	43.2	47.8
M.B	5.4	5.6	6.8	6.9	1.5%	7.1	7.9
영업이익	4.2	4.4	6.3	6.8	7.9%	7.8	9.3
영업이익률	7.1%	7.3%	8.2%	7.5%	-	7.6%	7.9%
순이익	3.6	3.6	4.7	5.1	8.5%	6.3	8.2
EPS	550	553	725	785	-	969	1,262
PER	8.7	10.6	18.1	17.7	-	14.3	11.0

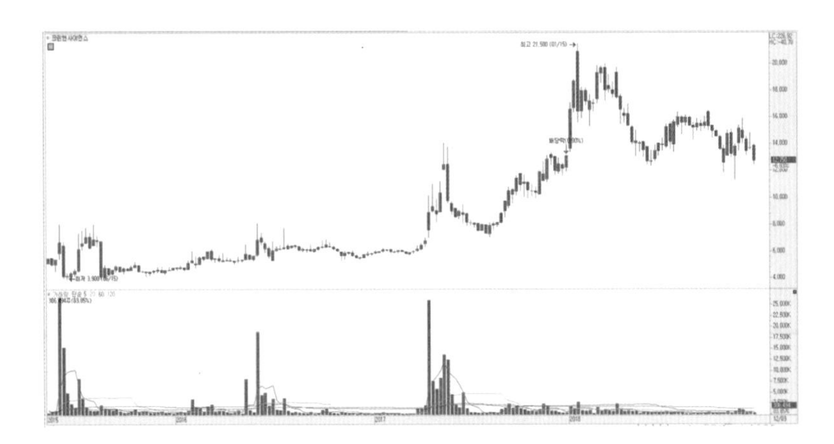

KG이니시스(035600, KQ)

모바일 간편결제 활성화로 연평균 25%의 고성장

중국 최대 규모의 온라인 쇼핑 축제 '광군제'가 성황리에 끝났다. 매년 거래 규모가 빠르게 확대되고 있는 광군제의 이면에는 '간편결제'가 자리하고 있다. 국내 온라인 쇼핑 시장도 모바일 간편결제가 활성화되면서 연평균 25%가량의 고성장을 이어가고 있다. 국내외 온라인 쇼핑 시장과 동반 성장을 진행 중인 전자결제대행 사업자에 주목해야 한다. 삼성페이, 네이버페이 등 간편결제 사업자의 등장은 이미 수십만의 가맹점을 확보한 PG 사업자들에게 추가 성장 기회로 작용하고 있다.

국내 1위의 전자결제대행 업체

KG이니시스는 1998년 설립된 국내 1위의 전자결제대행 업체(PG, Payment Gateway) 사업자로 2002년 코스닥에 상장되었다. 주요 사업 부문은 크게 PG 부문, 교육 부문, 외식업 부문으로 구분된다. PG 부문은 온라인 쇼핑몰과 카드사를 연결해주고 온라인 거래대금의 일부를 수수료로 수취하고 있다. 'NHN한국사이버결제', 'LG유플러스'와 함께 국내 PG 시장을 선도하고 있으며 2018년 동사의 PG 시장점유율은 약 23% 수준으로 추정된다. 교육 부문 매출은 프로그램 개발 및 프로그래밍 관련 학원경영 사업을 하는 자회사 'KG에듀원'을 통해 발생한다. 외식업 매출의 경우 2017년 인수한 프랜차이즈업체 'KFC코리아'에서 발생하고 있다. 2018년 각 사업 부문별 매출 비중은 PG 부문 74.6%, 교육 부문 6.4%, 외식업 부문 19%로 추정된다.

매출 구성(2018)

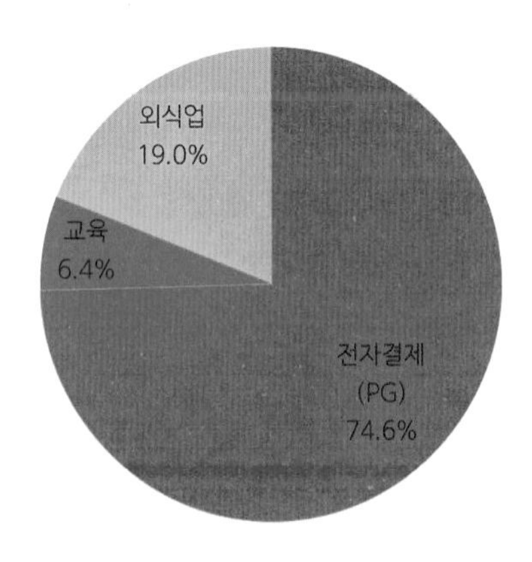

간편결제 시스템의 확대로 국내 온라인 쇼핑시장 급성장 지속

국내 온라인 쇼핑 시장이 고성장을 지속하고 있다. 2017년 국내 온라인 쇼핑 규모는 91조3,000억 원으로 지난 5년간 연평균 26%씩 증가했다. 2018년에는 9월까지 누적 80조5,000억 원의 거래금액을 달성해 연간 기준 사상 처음으로 거래액 100조 원 돌파가 가능할 전망이다. 최근 간편결제 서비스가 보편화되면서 모바일을 통한 결제가 간소화되고 있고, 배달의민족, 요기요 등 주문형 앱을 비롯한 온라인시장 관련 비즈니스가 등장하고 있다. 신속한 택배 서비스 환경이 구축되면서 해외직구 및 역직구 이용자도 증가하고 있으며 미세먼지, 폭염, 한파 등 잦은 기상이변으로 집안에서 온라인 쇼핑을 즐기는 소비자들이 많아진 점도 온라인 쇼핑 시장 고성장의 주요 원인으로 파악된다. 동사는 전국 17만 개 가맹점을 보유한 국내 1위 PG사업자로 온라인 쇼핑 시장 확대에 따른 수혜가 기대된다.

간편결제 사업자와 경쟁 관계? 성장성 악화 우려는 기우에 불과

지속되고 있는 온라인 쇼핑 시장의 고성장에도 불구하고 동사의 성장성에 대한 우려가 제기되고 있다. 간편결제 사업자와 정부 기관의 시장 참여가 향후 점유율 경쟁으로 이어질 수 있기 때문이다. 하지만 이는 기우에 불과하다. 우선, 전자결제 산업의 생태계상 삼성페이, 카카오페이 등 간편결제와 PG사업자는 경쟁 관계가 아닌 공생 관계에 가깝다. 간편결제 서비스 확대로 가팔라지는 온라인 쇼핑 시장의 성장세는 곧장 PG 사업자의 외형 성장으로 이어지며 간편결제 사업자는 PG사와 제휴를 통해 서비스 활성화를 위한 가맹점 기반을 빠르게 확보할 수 있다. 서울시가 추진하고 있는 '제로페이'에 대한 영향도 미미할 것으로 판단된다. 제로페이의 경우 소상공인 입장에서는 수수료가 낮은 이점이 있으나 무이자 할부, 포인트 적립 등 소비자 혜택 측면에서 부족한 점이 많다. 무엇보다 신용카드사의 불참 선언으로 신용공여 기능이 전혀 없다는 점이 제로페이 활성화에 가장 큰 걸림돌이다.

재무제표 요약 및 수정주가(주봉) 추이(단위 : 십억 원, 원, 배, %)

구 분	2015	2016	2017	2018E	YoY	2019E	2020E
매출액	696.9	478.1	758.5	959.3	26.5%	1,053.9	1,134.2
전자결제	467.8	478.1	625.1	715.3	14.4%	794.0	857.5
교육사업	-	-	37.3	61.2	64.1%	67.9	71.3
요식업	-	-	96.1	182.8	90.2%	191.9	205.4
운송업	229.1	-	-	-	-	-	-
영업이익	20.0	48.9	54.7	78.2	43.0%	93.2	102.4
영업이익률	2.9%	10.2%	7.2%	8.2%	-	8.8%	9.0%
순이익	3.4	13.6	3.0	58.2	1840.0%	69.4	78.2
EPS	-	304	-	1,670	-	1,989	2,243
PER	-	39.7	-	9.0	-	7.6	6.7

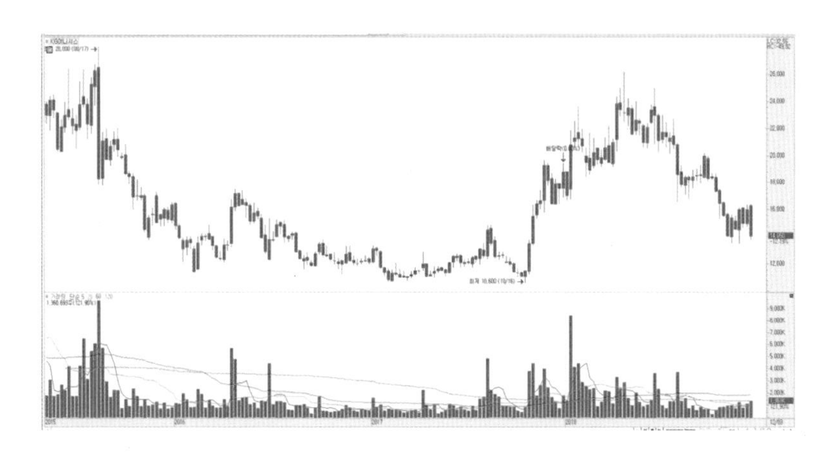

한반도 철도 연결 Top-Picks 3

남북 철도 연결 착공식 확정, 한반도 넘어 유라시아를 잇는다

남북경협 중에서도 가장 기대감이 높은 분야는 단연 철도 사업이다. 평양에서 열린 제3차 남북정상회담에서 두 정상이 '연내에 동해선, 서해선 철도 및 도로 연결 착공식'을 갖기로 합의하면서 사업 진행이 가시권에 들어왔다. 북한의 경우 노후 철도 현대화 작업, 우리나라는 유럽과 아시아를 잇는 대륙 간 물류시스템 구축이 시급하다. 양국은 먼저 끊어진 철도와 도로를 연결해 남북 간 '경제 공동체'를 이뤄 분단을 극복하고 나아가 중국 횡단 철도(TCR), 몽골 횡단 열차(TMGR), 시베리아 횡단 철도(TSR)를 이어 '동아시아 철도 공동체'를 구성한다는 계획이다.

현대로템(064350,KS)

현대로템은 독자개발에 성공한 철도 기술을 바탕으로 국내 철도 차량 시장의 90% 이상 점유하고 있는 업체다. 철도 차량 사업 외 철도통신, 신호제어 시스템 제조사업도 병행하고 있어 북한 노후 철도 시설 교체, 유라시아 철도 인프라 구축 등 사업 진행 시 다방면의 수혜가 기대된다. 전체 철도사업 규모에서 철도 차량이 차지하는 비중은 3.5%~7.4%가량으로 추정된다. 북한 및 유라시아 철도연결 사업의 총사업 규모가 23조 원에서 38조 원으로 예상되는 점을 고려하면 동사는 철도 차량 부문에서만 최대 1.3조 원~2.8조 원에 달하는 신규 수주 기회를 얻을 수 있을 것으로 판단된다. 철도 차량 사업은 산업 특성상 차량 공급사에서 향후 유지 보수까지 도맡아 진행하는 경우가 많아, 높은 이익률의 안정적인 2차 매출 발생이 가능하다는 점도 긍정적으로 판단된다.

한반도 종단철도(TKR) 3단계 개발 계획

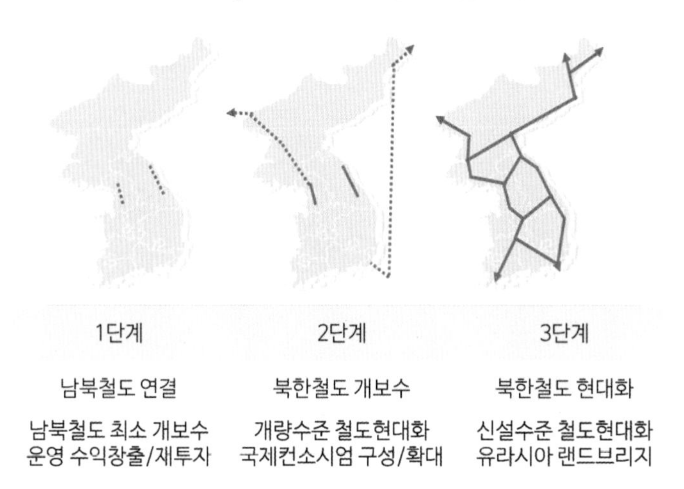

대아티아이(045390, KQ)

대아티아이는 국내 1위의 철도 신호제어 시스템 개발업체다. 주요 제품으로는 중앙관제센터에서 사용되는 열차집중제어장치(CTC)를 비롯해 자동열차방호장치(ATP), 자동열차제어시스템(ATC) 등이 있다. 동사는 독자적인 기술 개발을 통해 국산화에 성공한 열차집중제어장치를 바탕으로 국내 철도제어 시스템 시장에서 높은 점유율을 확보하고 있다. 국내 입찰경쟁을 통해 동사 제품이 채택되는 비율은 열차집중제어장치 분야에서 70%~80%, 자동열차방호장치 분야에서 50% 수준인 것으로 파악된다. 일반적인 철도사업은 통신 및 신호제어 시스템 구축에 소요되는 금액이 철도 차량 발주 금액을 웃도는 경우가 많으므로 관련 사업 수주 시 동사는 큰 폭의 외형 성장이 가능할 전망이다.

철도 구간별 철도 차량 구입비/총사업비 비중

구분	구간	노선 길이 (km)	총 사업비 (십억원)	차량구입비 (십억원)	비중 (%)
서해선	대곡~소사	18.4km	1,576.7	115.9	7.40%
진접선	당고개 ~진접지구	14.9km	1,297.1	69.5	5.40%
수도권 광역급행철도 (GTX)	삼성~동탄	39.5km	1,563.7	54.7	3.50%

도화엔지니어링(002150,KS)

도화엔지니어링은 1957년 설립된 국내 1위의 종합엔지니어링 업체로 한반도 철도 및 도로 연결 사업 진행 시 가장 이른 단계에서 수혜가 기대되는 업체다. 인프라 사업은 대개 조사 단계 → 설계 단계 → 시공 단계 순으로 진행된다. 조사 및 설계 단계는 시공 단계와 달리 원재료 가격 인상 및 기후 변화로 인한 공사 지연 등의 불확실성이 적고, 공사의 착공 단계에서부터 매출 인식이 가능하다는 특징을 가지고 있다. 동사는 경부고속도로, 서해안고속도로 등 국내 메이저 인프라 사업의 설계, 감리 레퍼런스를 확보하고 있어 향후 수주 경쟁에서 유리한 위치를 선점할 수 있을 것으로 판단된다. 또한 최근 수도권 광역철도(GTX) A노선 건설사업에서 우선협상 대상자로 선정된 점도 철도 부문에서 수주 경쟁력을 한층 더 강화시킬 전망이다.

도화엔지니어링, 연도별 영업 실적 추이(단위 : 십억 원, %)

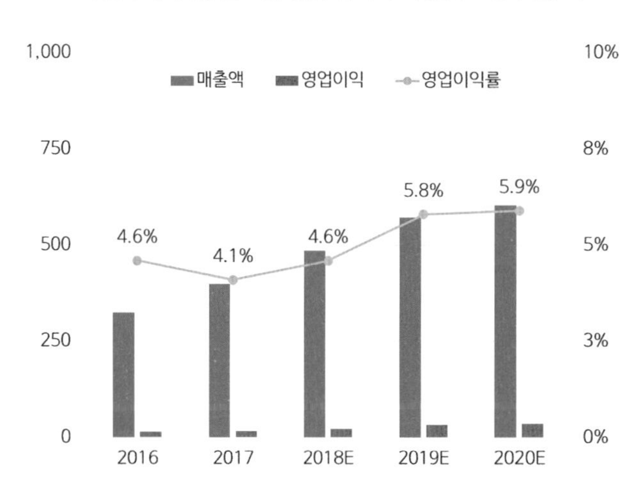

금강산 관광 및 개성공단 재가동 Top-Picks 3

남북 교류의 본격적인 확대 전망, 금강산에 봄이 온다

3차 남북정상회담이 성공적으로 마무리되면서 북한 내 노후화된 교통, 철도 인프라를 보수하고 개성공단 재가동 및 백두산, 금강산 개방 등을 통해 중단되었던 양국 간 교류가 본격적으로 확대될 전망이다. 개성공단 재가동은 문재인 대통령의 공약 사안이었다. 당시 문 대통령은 정권 교체를 이루면 참여정부 시절의 계획대로 개성공단을 2,000만 평까지 확대하겠다고 밝혔다. 개성공단은 총 3단계로 나누어져 용도 및 목적별로 총 2,000만 평 규모로 조성되는 게 목표였으나 현재 개성공단은 제1단계 목표인 공단지구 100만 평만 개발이 완료된 상태다. 더불어 지난 9-19 평양공동선언을 통해 남북 정상이 양국의 이산가족 상시 상봉을 위한 금강산 면회소 운영에 합의한 점도 주목된다. 관련 후속 조치 또한 빠르게 진행되고 있다. 북측은 이미 금강산 면회소 시설에 대한 재산 몰수를 백지화했고 우리나라는 현재 5-24 조치 해제를 통해 금강산 관광 재개를 논의 중인 것으로 파악되고 있다.

아난티(025980, KQ)

아난티는 레저 시설 개발 및 건설, 운영 등의 사업을 영위하는 업체다. 동사는 현재 아난티 남해, 아난티 서울, 아난티 코브(부산), 금강산 아난티 등의 레저 시설을 보유하고 있다. 이 중 금강산 아난티는 2008년 금강산 관광이 중단되면서 운영이 중단된 상태다. 관광 재개 시 금강산 아난티 골프 & 온천 리조트(주요 시설 골프장 18홀, 콘도미니엄 240실)를 다시 운영할 수 있어 아난티 남해(주요 시설 골프장 18홀, 콘도미니엄 170실) 이상의 운영 매출이 발생할 전망이다. 금강산 아난티 내에 추가로 개발 가능한 부지도 확보하고 있어 추가적인 성장 잠재력도 확보하고 있다고 판단된다.

금강산 아난티 리조트 전경

신원(009270,KS)

신원은 의류 전문생산업체로 베스띠벨리(BESTI BELLI), 씨(SI), 지이크(SIEG) 등의 브랜드를 보유하고 있다. 동사는 개성공단에 대규모 생산법인을 보유하고 있는데 공장 가동 당시 북한 종업원이 2,000여 명에 육박해 '개성공단의 삼성전자'라 불리며 연간 200억 원 수준의 영업이익을 기록했었다. 하지만 2016년 개성공단의 갑작스러운 폐쇄로 신규 생산라인이 필요하게 되었고 베트남에 대규모 투자를 진행하면서 영업실적이 악화되었다. 최근 글로벌 경기 회복으로 의류 소비가 살아나고 베트남 생산라인이 정상 가동되고 있어 이제 개성공단만 재가동된다면 동사는 빠르게 예년 수준의 영업이익을 회복할 수 있을 것으로 판단된다.

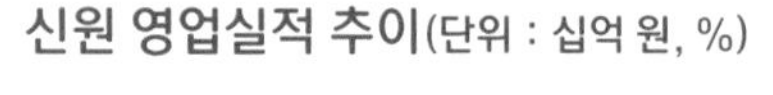

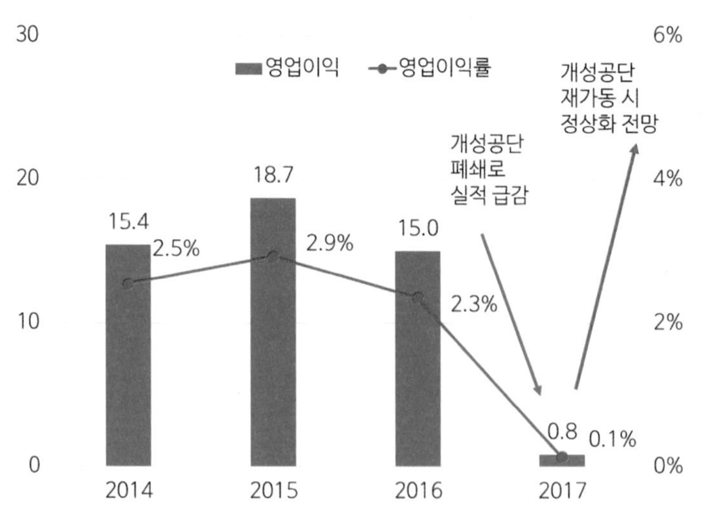

희림(037440, KQ)

희림은 건축설계와 건설사업 관리(CM)를 병행하고 있는 국내 유일의 상장사다. 동사는 고부가 가치 특수설계 분야에서 세계적인 경쟁력을 확보하고 있다. 이를 바탕으로 인천국제공항 여객터미널, 베트남의 롱탄국제공항 등 국내외의 대규모 프로젝트 수주에 성공하며 매년 가파른 성장세를 기록하고 있다. 동사는 과거 개성공단 내 공장, 남북경협협의사무소 청사 등을 설계, 감리한 레퍼런스를 갖고 있어 개성공단 추가 개발사업 진행 시 수주 경쟁에서 유리한 위치 선점이 가능할 전망이다. 또한 최근 중국 최대의 조선족 기업인 신성실업유한공사와 북한시장 동반 진출을 위한 MOU를 체결한 점도 주목해야 할 투자 포인트로 판단된다. 신성그룹은 현재 북한 내 면세점, 부동산 개발 등 다양한 사업을 진행하고 있다.

개성공단 용도별 3단계 개발 계획(단위 : 만 평)

구분	1단계 (現 상황)	2단계	3단계	합계
공단지구	100	150	350	600
생활지구	-	30	70	100
상업지구	-	20	30	50
관광지구	-	50	100	150
기타				
기존 시가지		400		400
장래 확장지		700		700
총계				2,000

대북 전력 지원 및 동북아 슈퍼그리드 Top-Picks 3

어두웠던 북한의 미래를 밝혀줄 대북 전력 지원 사업

철도교통, 개성공단, 금강산 관광 등 남북협력사업이 가시화되면 가장 먼저 북한 내 불안정한 전력 수급을 해결하기 위한 대처가 있을 것으로 예상된다. 전력 수급 방안은 크게 두 가지로 예상되는데, 첫째는 북한 전역에 발전소를 신설하는 방안이고, 둘째는 러시아와 송전 시설을 연결해 전력을 수입하는 방법이다. 러시아가 이미 북한 나선시에 60MW급 송전 시설 구축을 계획하고 있다는 점, 러시아의 전력요금이 우리나라에 비해 4분의 1수준에 불과하다는 점, 온실가스, 미세먼지 등 환경규제로 화력발전소의 건설이 용이하지 못하다는 점 등을 고려하면 후자가 선택될 가능성이 높다. 또한 북한 내 도시개발사업까지 확대될 경우 기존 노후화된 전신주, 배전 시설 등 전력 설비 교체 및 확충도 필요해 대규모 사업으로 이어질 전망이다.

LS산전(010120,KS)

LS산전은 1974년 설립된 전기, 전자, 계측 및 자동화기기 전문업체다. 발전 단계를 제외한 배전, 송전, 저장 등 모든 전력프로세스에 관여하고 있다. 한반도와 러시아 간 수백, 수천 킬로미터에 달하는 거리를 전력망으로 연결하기 위해서는 HVDC(High Voltage Direct Current, 고압직류송전) 기술이 필수적이다. HVDC는 송전 한계 거리가 20㎞로 제한된 교류 송전과 달리 송전 거리에 제한이 없고 전력 손실도 적어 국가 간 장거리 송전에 효율적이다. 현재 국내 대부분의 전력망이 교류 송전방식으로 이루어진 점을 고려하면 동북아 슈퍼 그리드 사업 추진을 기점으로 국내에도 HVDC 변환소 건설이 본격화될 것으로 판단된다. 동사는 이미 2013년 한국전력공사와 GE의 조인트벤처인 KAPES로부터 기술을 이

HVDC 전력 공급 단계의 구조도

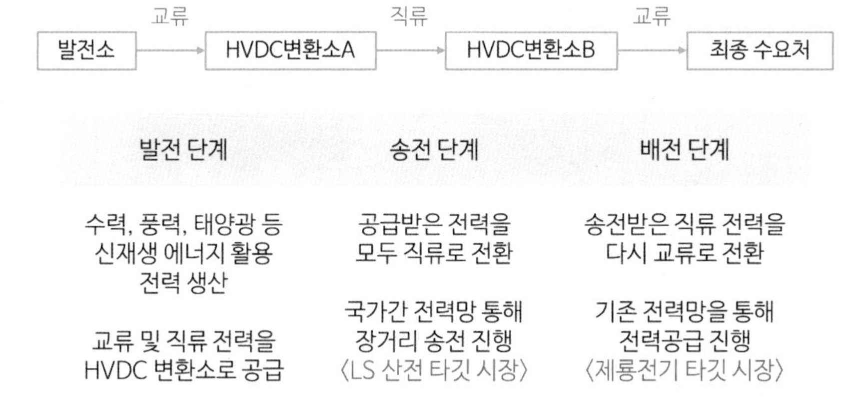

전받아 HVDC 변환기의 국산화에 성공했다. 현재 HVDC 변환소 건설을 위한 모든 제품을 조달할 수 있는 국내 업체는 동사가 유일한 것으로 파악되고 있어 수혜가 기대된다.

제룡전기(033100, KQ)

제룡전기의 주요 매출은 변압기와 기타 전력기기로 구분되며 2017년 각각의 매출 비중은 변압기가 69%, 기타 전력기기가 31%를 차지한다. 동사의 변압기 제품은 전압을 조정하기 위한 장치로 지상에 설치되는 일반형과 지하에 설치되는 매설형으로 구분된다. 최근에는 도시 미관 및 교통 편의를 위해 매설형 변압기의 판매 비중이 높아지는 추세다. 동

주요 제품 현황

〈지중매설형 변압기(SIDT)〉

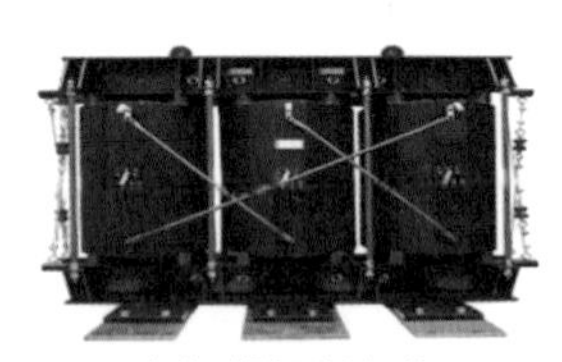

〈내진형 변압기〉

〈가스절연개폐기(GIS)〉

사는 국내에서 유일하게 지중매설형 변압기 생산이 가능한 업체로 북한 내 배전설비 확대 시 두각을 나타낼 전망이다. 특히 지중매설형 변압기의 경우 일반 주상형, 유입형 변압기와 달리 교통사고, 화재, 파손으로 인한 정전 가능성이 낮고 폭우로 인한 침수에도 대비되어 있어 북한 주요 도시에 우선적 도입이 기대된다. 도시 내 원활한 전력 배분을 위해서는 다량의 변압기 설치가 동반되어야 하므로 중장기 성장 모멘텀으로 작용할 전망이다.

선도전기(007610, KS)

선도전기는 전기를 받고 분배하는 수배전반, 전기 자동제어반 등을 제조하는 전력변환기기 전문업체다. 주요 매출은 전력변환기기 부문과 금융투자 부문으로 구성되어 있고 2017년 기준 매출의 98.3%가 전력변환기기에서 발생했다. 동사의 전력변환기기 매출은 크게 수배전반류와 친환경류 제품으로 구분할 수 있다. 수배전반류 매출은 발전소에서 받은 전력을 분배하는 전력시스템에서, 친환경류 매출은 태양광 공사 및 전기 집진기에서 발생한다. 대북 전력 지원을 위한 송전망 연계 작업이 시작되면 동사와 같은 국내 전력기 자재 업계에 상당한 사업기회로 작용할 전망이다. 남과 북의 송전 전압은 다르지만 전압주파수가 60Hz로 같아 북한 전력 인프라 구축에 국산 전력기 자재를 그대로 사용할 수 있

선도전기 및 주요 경쟁사 수주 잔고 비교(단위 : 십억 원)

구분	시가총액	2017 매출액	3Q18 수주잔고	수주품목
선도전기 (007610, KS)	121.9	108.4	98.4	수배전반 진공차단기 태양광
광명전기 (017040, KS)	178.1	101.6	46.8	수배전반
서전기전 (189860, KQ)	44.6	50.2	36.2	수배전반 전기공사

다. 현재 북한 내 전력 설비는 중국산이 대부분이고 노후 장비가 많아 교체가 불가피할 것으로 알려진 만큼 국내 수배전반을 비롯한 전력 기자재 업체들에 수혜가 예상된다.

러시아 PNG 도입 Top-Picks 3

값싼 러시아 가스가 한반도를 바꾼다

러시아의 PNG(Pipeline Natural Gas) 도입은 남 · 북 · 러 3국이 모두 수혜를 볼 수 있는 사업으로, 급진전이 예상된다. PNG 도입이 현실화되면 러시아는 사할린의 풍부한 천연가스 자원을 판매하고 북한은 가스관 매설을 통해 통행세 징수가 가능하다. 우리나라는 전 세계 3위의 천연가스 수입국으로 자원 수급의 다변화, 수입 금액 절감 등에서 혜택이 기대된다. 향후 동북아의 가스 허브로 도약도 가능할 전망이다.

한국가스공사(036460,KS)

한국가스공사는 국내 천연가스 관련 사업을 총괄하고 있는 업체로 PNG 도입 시 중·장기적 수혜가 기대된다. 사업 진행 간 소요된 대부분의 투자 비용이 가스 원가에 반영됨에 따라 공급 가격(price) 증가가 예상된다. 또한 파이프라인 완공 후 값싼 러시아산 천연가스 공급이 가능해져 이를 활용하기 위한 민간 발전소, 화학 업계의 소비량(quantity)이 확대될 것으로 판단된다. 러시아 PNG 도입은 동사가 국제 에너지 네트워크에 직접 연결된다는 점에서 중요한 의미가 있다. 북한을 거쳐 들어온 러시아산 천연가스가 국내에만 소비되고 그치는 것이 아니라 해저 배관을 통해 일본이나 중국으로 재판매될 수 있기 때문이다.

우리나라의 국가별 천연가스(LNG) 수입량 현황(단위 : 만 톤)

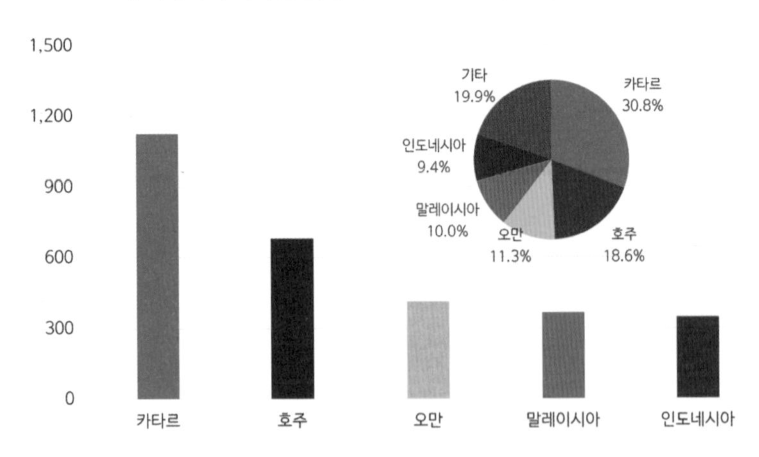

동성화인텍(033500, KQ)

동성화인텍은 초저온 보냉재 글로벌 1위 생산업체로 천연가스 저장 시설 확충에 따른 수혜가 예상된다. 동사의 주요 제품인 초저온 보냉재는 저장 탱크, 기화 · 송출 설비 등 천연가스 도입을 위한 여러 분야에서 필수 기자재로 활용되고 있다. 기체 상태로 파이프라인을 통해 들여온 러시아산 PNG를 효율적으로 저장하기 위해서는 액화를 통한 부피 감소가 필수적이다. 기체 상태인 천연가스는 초저온(-162℃)으로 냉각되어 액체 상태(LNG)로 저장 탱크에 보관된다. 이때 초저온을 유지하기 위한 핵심 기자재가 바로 보냉재다. 국내 업체들의 경쟁이 심한 저장 탱크, 밸브 등 기타 자재와 달리 보냉재의 경우 동사와 '한국카본' 양사가 시장을

파이프라인가스(PNG), 액화천연가스(LNG) 비교

구분	파이프라인가스(PNG)	액화천연가스(LNG)
운송수단		
필요설비	가스관, 저장탱크	가스관, 저장탱크, LNG선박, 액화설비 등
운송단가	낮음	높음
공급단가	낮음	높음

양분하고 있어 성장성 확대가 가능할 전망이다. 또한 최근 국제유가 및 LNG 가격이 가파르게 상승하면서 글로벌 LNG선의 착공 또한 증가하고 있는 점도 긍정적으로 판단된다.

동양철관(008970,KS)

동양철관은 가스 및 석유 수송용 강관, 대형 건축 구조물에 사용되는 후육강관 등을 전문으로 생산하는 업체다. 동사는 국내 중소형 강관업체 중 한국가스공사에 가장 많은 가스관을 납품한 레퍼런스를 갖고 있어 한,러 간 PNG 도입 시 주목해야 할 종목으로 판단된다. 현재 가스용 강관 km당 가격과 매설 총 길이 1,122km를 고려했을 때 한 · 러 간 파

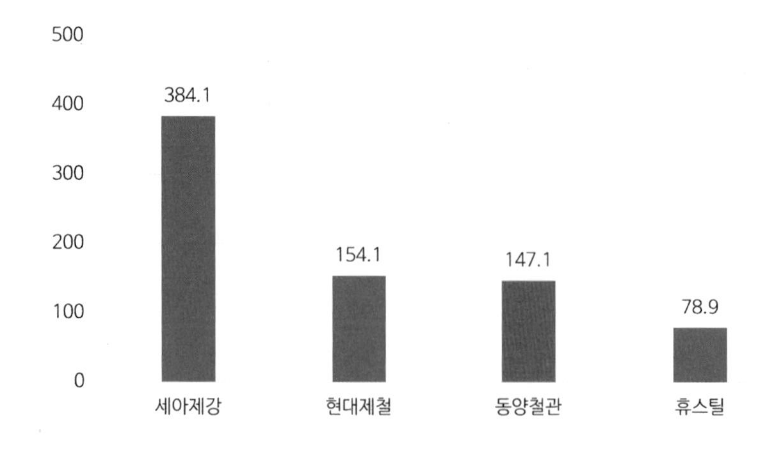

이프라인 연결 사업의 투자 비용은 1조에서 1조5,000억 원 수준으로 파악된다. 여기에 국내 가스 배관 확충 사업도 활발해지고 있어 국내 강관 업체의 실적 개선에 긍정적으로 작용하고 있다. '제13차 장기 천연가스 수급계획'에 따르면 정부는 2022년까지 586km에 해당하는 공급 배관을 신설할 예정이며 해당 사업 규모는 1조5,057억에 달할 것으로 파악된다. 또한, 러시아 PNG 사업 추진 시 국내 가스 배관 시장은 향후 5년간 3조 원을 초과할 것으로 판단된다.

에필로그

골프와 주식도 하나다

2017년 미국 오거스타 내셔널 골프코스에서 열린 마스터스 대회를 관람하면서 주식투자와 골프도 공통점이 많다는 것을 깨달았다. 대다수 주식 투자자들이 골프를 좋아하는 이유도 이렇듯 비슷한 점이 많기 때문이라는 생각이 들었다.

일단 유사점은 세 가지다. 우선 투자와 골프는 '선택'을 해야 한다는 공통점이 있다. 주식투자를 위해서는 좋은 종목을 선택해야 한다. 선택이 곧 시작이다. 투자를 하기 위해서는 공부하고, 탐방을 가서 기업의 현황을 살피고, 사람을 만나고, 서류만으로 알 수 없는 정보를 수집하는 등 많은 노력을 기울여야 한다. '될 대로 돼라'는 식의 마인드로 투자해서는 절대 안 된다. 유망한 종목을 선택하는 선별 작업부터 신중을 기해야 하는 것이다.

골프에서도 티샷을 하기 전에 캐디의 조언을 경청하며 위치를 살펴야 하고, 어떤 클럽으로 어느 정도 거리를 보낼지, 또 바람은 얼마나 영향을 받을지 등을 고려해야 한다. 철저한 선택의 작업을 거쳐야 투자에 성공할 수 있으며 좋은 스코어를 얻을 수 있다. 다만 이는 반복적인 훈련이 있어야만 비로소 자연스러워질 수 있다.

다음은 '실행'이다. 투자자 입장에서 실행의 의미는 어떻게 투자에 임할지에 대한 과정이 담겨 있다. 얼마만큼의 금액을 어느 타이밍에 매수해야 적정한 가격인지, 또 정해 놓은 한도 내에서 오늘 전부 매수할지 아니면 분할 매수를 할지 등을 결정해야 한다. 아무리 좋은 종목을 발굴해도 직접 투자하지 않으면 말짱 도루묵이다.

골프도 마찬가지다. 필드에 나와서도 연습장에서 연마했던 자신의 스윙을 할 수 있어야 한다. 연습장에서 자신의 스윙을 완성했어도 보여주지 못한다면 허상이나 다름없다. 클럽 선택을 마쳤으면 스탠스와 라이를 살핀다. 이제 타깃으로 어깨를 정렬하고 자신감 있게 클럽을 휘두르면 볼이 안정적으로 비행할 것이다. 하지만 간혹 샷에서 실수가 나오는 것처럼 주식투자도 매번 성공하기란 어려운 일이라는 것을 염두에 둬야 한다.

마지막은 '책임'이다. 책임을 진다는 것은 마무리의 의미가 있다. 주식투자의 마무리는 수익과 손실 둘 중 하나다. 결국 매도 버튼을 눌러야 끝이 난다. 높은 수익을 위해 고점에 파는 전략은 물론 중요하다. 하지만 투자는 평생 동안 하는 것이 기본이기 때문에 실패를 인정하고 손실을 실현하는 것이 무엇보다 중요하다. 그래야 또 다른 기회로 나아갈 수 있기 때문이다. 주식투자는 속성상 한번 크게 실패하면 다시 일어나기 어렵다. 그래서 책임을 지는 자세가 필요한 것이며 어떤 결과가 나오든 받아들여야 한다. 모든 것은 나로 인해서 발생했다는 것을 인지하고 어떠한 핑계를 대서도 안 된다.

골프 라운딩을 하러 필드에 한 번 나가면 80~90번 정도 스윙을 하는데 매번 굿샷이 나올 수는 없다. 미스샷이 나왔을 때 어떻게 회복하느냐가 타수를 줄이는 데 가장 중요한 요소다. 훌륭한 리커버리샷은 멘탈에서 나온다. 빨리 이전의 미스샷을 잊고 이번 샷에 집중해야 한다. 핑곗거리를 찾지 않고 책임진다는 생각을 갖게 되면 분명 지금보다 더 나은 스코어, 더 높은 수익률을 기록할 수 있을 것이다.

이처럼 주식투자와 골프는 모두 선택→실행→책임의 단계로 이뤄진다. 어쩌면 인생의 모든 것이 이렇게 결정되는 것을 아닐까. 평생을 함께할 배우자를 선택하여 결혼하고, 아이를 낳아 책임을 지는 것. 결국 주식투자와 골프 모두 인생의 축소판인 것이다.

마지막으로 부족한 나를 믿고 결혼해준 아내 조임정과 필리핀에서 갖게 된 딸 최신비, 그리고 집필 기간에 태어난 아들 최주한을 비롯한 온 가족들의 사랑과 지원에 감사드린다.

이기는 투자습관

초판 1쇄 발행 · 2018년 12월 26일
초판 2쇄 발행 · 2019년 3월 10일

지은이 · 최성환
펴낸이 · 김동하

펴낸곳 · 책들의정원
출판신고 · 2015년 1월 14일 제2016-000120호
주소 · (03955) 서울시 마포구 방울내로9안길 32, 2층(망원동)
문의 · (070) 7853-8600
팩스 · (02) 6020-8601
이메일 · books-garden1@naver.com
블로그 · books-garden1.blog.me

ISBN 979-11-87604-99-0 03320

• 잘못된 책은 구입처에서 바꾸어 드립니다.
• 책값은 뒤표지에 있습니다.
• 이 도서의 국립중앙도서관 출판예정도서목록(CIP)은 서지정보유통지원시스템 홈페이지(http://seoji.nl.go.kr)와 국가자료공동목록시스템(http://www.nl.go.kr/kolisnet)에서 이용하실 수 있습니다. (CIP제어번호: 2018040918)